gilbert@lms.polytechnique.fr

DOMAINE FRANÇAIS

Editeurs : Bertrand Py et Evelyne Wenzinger

LE DERNIER VOL
DE LANCASTER

Le journal de Lancaster reproduit en partie dans cet ouvrage est extrait du livre de Ralph Barker paru aux éditions George G. Harrap & Co. Ltd en 1969.
Traduction d'Olivier Moreel.

ISBN 2-7427-4443-6

Illustrations intérieures :
p. 52-53 : © P. Hayes
p. 232-233 : © Central Press Photos, Ltd
p. 256-257 et p. 260-261 : © Titus Polidori
Photographie de couverture :
© Jean-Marc Durou

SYLVAIN ESTIBAL

Le Dernier Vol de Lancaster

roman

ACTES SUD

Pour Myriam.
Pour Jeannine.

Fais de ta plainte un chant d'amour
pour ne plus savoir que tu souffres.

Proverbe touareg.

Le capitaine Lancaster a décollé de Lympne aujourd'hui à 5 h 35 du matin pour tenter de battre le record de Mme Mollison (Amy Johnson) en vol solo jusqu'au Cap. Seuls son père et sa mère, tous deux d'un âge avancé, et quelques officiels étaient présents pour lui dire adieu. Portant la veste d'aviateur qu'il avait utilisée pour établir son record de 1927, il a décollé puis effectué une boucle au-dessus de l'aérodrome, saluant le groupe de spectateurs, avant de disparaître en direction de la Manche.

Le capitaine Lancaster est le premier pilote à avoir relié l'Angleterre à l'Australie avec un passager à son bord, Mme Chubbie Miller. Il a ensuite travaillé plusieurs années aux Etats-Unis en tant que pilote aéropostal et a gagné un prix de 200 livres dans un tour d'Amérique.

Après la mort en mars dernier de Harold Fraser, un journaliste américain retrouvé assassiné dans la résidence de Mme Chubbie Miller à Miami en Floride, Lancaster a été accusé de meurtre, mais à l'issue d'un procès qui dura quinze jours, il fut déclaré non coupable et acquitté.

Grâce à la confiance que lui portent ses parents, il peut aujourd'hui se lancer dans cette nouvelle aventure. Avant de décoller, il a déclaré : "Je dois cette chance de revenir à mon père et à ma mère. Mon père a engagé de lourdes dépenses pour me permettre de faire cette tentative et j'espère y parvenir pour leur faire honneur."

M. Lancaster, âgé de soixante-treize ans, et Mme Lancaster étaient parmi les quelques officiels qui assistèrent au décollage juste avant l'aube. Mme Lancaster a dit au revoir affectueusement à son fils après lui avoir donné des sandwiches au poulet qu'elle avait elle-même préparés. "Je suis fière de mon fils, a-t-elle déclaré, et je veux que le monde soit fier de lui également. Je veux que l'on oublie la tragédie de Miami, c'est pourquoi son père et moi avons acheté cet avion. Nous voulons que Bill prenne la place qui lui revient parmi les hommes célèbres. Je veux qu'il fasse quelque chose de bien et je prie pour qu'il réussisse. Le docteur nous a déconseillé de venir, mais il n'était pas envisageable pour nous de ne pas être présents ici aujourd'hui. Mon garçon s'est engagé dans l'armée à l'âge de dix-sept ans et je veux que les gens s'en souviennent et oublient Miami. C'est un bon garçon et il mérite de réussir. Mme Mollison a établi un record splendide mais je suis encore victorienne et je pense qu'une femme ne doit pas se lancer dans ce genre d'activité. Mon fils a promis de ne pas prendre de risques inconsidérés et j'ai totalement confiance en lui, mais il faut se rappeler qu'il n'a pas volé depuis un an et durant cette période il a subi une terrible pression mentale."

(*Morning Express*, 11 avril 1933.)

Aucune opération de secours n'est prévue pour le capitaine Lancaster, le pilote britannique qui tente actuellement de battre le record entre l'Angleterre et Le Cap, s'il devait être porté disparu lors de sa traversée du Sahara. Avant de décoller d'Oran pour Gao à minuit, il a été informé qu'il ne possédait pas l'autorisation nécessaire pour survoler le Sahara car il n'avait pas déposé 100 000 livres pour couvrir d'éventuels coûts de sauvetage. Le capitaine Lancaster a répondu qu'il volerait à ses propres risques et n'espérerait aucune opération de secours s'il devait être porté disparu.

(*Daily Post*, 13 avril 1933.)

Le capitaine Lancaster, qui a quitté Lympne mardi pour tenter de battre le record de Mme Mollison jusqu'au Cap établi à 4 jours, 6 heures et 56 minutes, a été bloqué par une tempête de sable au Sahara et a atterri à Reggane hier à 6 heures du matin. Il a redécollé à 18 h 25 en direction de Gao sur le fleuve Niger.

(*Morning Express*, 13 avril 1933.)

PREMIER JOUR

O désert, pays de ma lumière, pays de ma souffrance.

Chanson nomade.

Jeudi 13 avril, 5 heures.

Je viens d'échapper à une mort affreuse.

Pourquoi ?

Ma première réaction a été de me mettre à genoux pour remercier Dieu et implorer son aide dans cette situation désespérée. Voilà ce qui s'est passé : je volais tout droit, à la boussole, en direction de Gao quand les choses ont commencé à aller de travers. Le moteur a eu des ratés et s'est étouffé. Il faisait nuit noire, la lune n'étant pas encore levée (il était environ 20 h 15). J'ai essayé de descendre l'appareil en douceur mais il s'est écrasé lourdement et il s'est retourné en touchant terre. Lorsque je suis revenu à moi, j'étais encore attaché dans le cockpit, la tête en bas. Je ne sais pas combien de temps je suis resté inconscient. Dans cette minuscule prison, l'atmosphère était irrespirable, chargée des vapeurs du carburant. Je me suis dégagé comme j'ai pu en me contorsionnant puis en grattant le sable avec mes mains avant de pouvoir sortir. Mes yeux étaient couverts de sang coagulé, mais j'ai fini par réussir à les ouvrir.

J'ai tout de suite pensé à l'eau : était-elle perdue ? Non, grâce à Dieu. Deux précieux gallons. Je vais*

* Environ huit litres.

pouvoir survivre quelques jours. Naturellement je me sens fébrile mais je dois à tout prix rester conscient. J'espère que les Français vont se mettre à ma recherche, mais ça va être difficile de me trouver car je me suis éloigné de la piste. J'ai pensé marcher jusqu'à cette piste et m'apprêtais à me mettre en route, quand je me suis souvenu de ce que Chubbie et moi avions dit à ce sujet. Non : je dois rester près de l'appareil.

Je vais rationner l'eau. Me tiendra une semaine au maximum. Cela va me laisser le temps de réfléchir et d'écrire quelques notes dans ce carnet de bord. Je me demande si les gens savent où je suis. Je pense surtout à ma mère et à Chubbie. Je les aime toutes les deux. Chubbie est mon unique amour, mais mère est tellement adorable avec moi. Elles étaient toutes les deux fières de moi avant que je ne m'envole. Hélas, j'éprouve maintenant une amère déception.

Voici ce que doit être ma position :

Ça n'est qu'une supposition, bien sûr.

J'ai découvert des coupures près de mon nez et au-dessus de mes yeux. J'espère que les plaies ne s'infecteront pas. Le soleil se lève maintenant et je pense que je dois ramper jusqu'à l'aile de l'appareil, et m'y cacher jusqu'au coucher. Vais essayer de tenir avec une pinte d'eau par jour. Doute de*

* Environ un demi-litre.

pouvoir y arriver. Je prépare de quoi faire un feu ce soir avec la toile arrachée à l'avion. Prie Dieu pour que ce feu soit vu par quelqu'un. La Compagnie transsaharienne va partir à ma recherche ce soir s'il n'y a toujours pas de nouvelles de moi.

Je me demande si Chubbie va essayer de trouver un appareil pour se mettre à ma recherche. Elle ne restera pas sans rien faire, j'en suis sûr. Mère va s'inquiéter, mon père aussi. Qu'ils soient tous bénis. Je voudrais qu'ils aiment Chubbie.

Je vais vivre des moments difficiles, aussi longtemps que cela va durer.

Je vais continuer de griffonner sur ce carnet tout ce qui me vient à l'esprit. Ce vieux Smithy ne donnerait plus cher maintenant pour son* Southern Cross Minor. *Je me demande ce qui a bien pu provoquer l'accident, problème d'injection, sans doute. Pauvre vieux Lamplugh, si je m'en sors, je lui dirai combien je lui dois. C'est lui qui a assuré mon avion. Ça ne va pas être du gâteau de récupérer cette machine au beau milieu du Sahara.*

Plus tard dans la matinée.

Mes blessures me font souffrir. Je ne sais pas si je devrais marcher jusqu'à la piste. Je ne pense pas qu'elle puisse être à plus de vingt miles et j'espère que des automobiles y passeront ce soir. J'ai peur que mes blessures ne s'aggravent. Je ne peux pas gaspiller l'eau pour les laver. Mon nez ne doit plus ressembler à grand-chose.

Je me demande comment chacun se comportera avec moi si jamais je m'en sors.

* Il s'agit de l'aviateur Charles Kingford Smith, à qui Lancaster avait racheté le *Southern Cross Minor* pour sa tentative de record.

Quelle histoire ! C'est ce que mes amis journalistes doivent être en train de se dire. Je suis heureux d'avoir effectué ce vol tout seul cette fois. Je ne souhaiterais pas à mon pire ennemi d'éprouver une telle angoisse. Ce serait étrange si je devais finir dans le désert après m'être tellement moqué de ce risque. Mme Bailey, je le sais, doit se faire du souci à mon sujet. Très agréable : un sympathique vautour fait déjà des cercles dans le ciel. J'ai crié et il s'est un peu éloigné.

10 h 45.

Véritable fournaise, même à l'ombre de l'appareil. Non !!! je dois rester ici. Si je meurs, j'espère que ce sera rapide.

Me sens faible.

11 heures.

Ce premier jour passe comme une année. Je suis un peu inquiet au sujet de mes blessures car je sens qu'elles sont pleines de sable. Très difficile de résister à l'envie de boire, mais il le faut absolument. Ma vie dépend de ce rationnement strict. Espère que je ne vais pas devenir aveugle – le sang coagule autour de mes yeux. Dans ces minutes aussi longues que des heures, de drôles d'idées me viennent à l'esprit. Regarder le vautour voler m'a fait imaginer que je pourrais l'attraper, l'apprivoiser et monter sur son dos pour voler jusqu'à un point d'eau. Et qu'importe si cette eau était très sale. Il y a un petit oiseau brun et blanc, un peu plus gros qu'un moineau, qui s'est posé près de moi. Je me demande à quelle distance je me trouve d'une oasis.

Chaleur et épuisement. Tiendrai bon aussi longtemps que possible, mais perdre du sang m'a certainement affaibli.

Je commence à réaliser que cette période d'agonie va me paraître aussi longue que ma vie tout entière. Suis-je en réalité en train d'expier une mauvaise action commise sur cette terre ? Je ne veux pas mourir. Je veux désespérément vivre. Je suis soutenu par l'amour d'une mère et d'un père généreux, et de ma fiancée que j'adore. Si quelque chose devait m'arriver, Chubbie, retourne vivre chez tes parents et ne retiens que les bons aspects de ma personnalité. Il doit bien y en avoir quelques-uns, je le sais parce que tu m'as dit très souvent ce que tu pensais de moi.

Londres, le 13 avril 1933.

Cher Jack,

Nous sommes enfin de retour à Londres. Ton père a tenu absolument à assister au départ de Bill malgré les recommandations du médecin. Ce n'est pas très prudent mais je n'ai pas pu l'en dissuader. Il aurait très mal vécu de ne pas être présent à ce moment si important. Il valait encore mieux qu'il vienne, tu le connais… Ton frère a décollé mardi, très tôt dans la matinée. Le décollage s'est très bien passé et avec ton père, nous avons été très fiers de le voir grimper dans les airs avec autant d'aisance. Ce fut très émouvant pour nous. Le maire de Lympne était présent ainsi que quelques journalistes. Ils nous ont interviewés et ont pris des photos de Bill. Tu as peut-être vu les articles dans les journaux. Je leur ai dit que c'était un peu une renaissance pour lui, comme pour nous, et qu'il méritait de réussir car mon fils était quelqu'un de bien. Durant ces quatre jours, nous avons logé au grand hôtel de Folkestone. Le personnel était très courtois avec nous, et c'était très agréable même si j'ai regretté que la chambre ne soit pas un peu plus spacieuse. C'est paraît-il l'hôtel où logent la plupart des pilotes qui tentent des records. Bill a signé le livre d'or avant de partir et nous avons pris avec lui le taxi pour rejoindre la piste et le hangar où l'attendait son bel avion bleu. Il n'a pas voulu retarder son départ malgré le temps qui ne s'annonçait pas très clément car il a appris qu'un autre pilote s'apprêtait à s'attaquer au même record. Mais Bill est déterminé et je suis persuadée qu'il va réaliser un exploit. Il a passé les derniers jours à vérifier son appareil et toutes ses affaires. Il n'a pas beaucoup parlé, même avec nous. Je crois qu'il était très concentré. Je n'ai pas trop osé le déranger. Avant son départ, je lui ai préparé quelques sandwiches au poulet et je lui ai donné un peu de chocolat que j'avais apporté avec moi de Londres. Cela l'aidera à garder des forces durant son vol. Je voulais qu'il prenne davantage de choses pour se nourrir mais il m'a dit qu'il ne voulait pas alourdir son appareil car cela risquait de lui faire perdre trop de temps. Dans moins de deux jours, il sera au Cap, et même s'il a un peu faim durant le trajet, ce ne sera pas trop grave. De toute façon, il n'y a que moi que cela inquiète, lui ne pense qu'à son record. C'est normal, tu sais combien ce vol est important pour lui. Il espère trouver un emploi de pilote grâce à cela. Et puis il sait que nous avons dépensé beaucoup d'argent pour qu'il puisse enfin revoler. Papa n'a pas compté les dépenses. Il croit tellement en son fils. Il aurait même vendu notre maison s'il avait fallu. Il est un peu fatigué mais il est heureux de savoir Bill en route vers Le Cap. Il semble plutôt confiant et n'a pas l'air aussi angoissé que moi. Il écoute en permanence la radio et achète tous les journaux pour savoir comment se déroule le vol. Il reporte ensuite sur une grande carte qu'il a accrochée au mur, là-haut dans son bureau, le trajet déjà parcouru par Bill. A l'heure où je t'écris, notre fils doit survoler le Sahara. Il a paraît-il perdu un peu de temps à cause du vent au-dessus de la France et d'un problème administratif à Oran, mais il avance et je reste confiante. Je prie sans cesse pour que tout se passe bien. Je lui ai donné un poème que je viens d'écrire. J'espère qu'il lui portera bonheur.

Mon chéri, je te laisse, pour aller préparer le repas de ce soir.

Je t'embrasse.

MAMAN.

Message de la base militaire de Gao pour Adrar, 13 avril 1933, 15 heures :

PILOTE ANGLAIS PARTI DE REGGANE – STOP – N'A PAS ATTERRI A GAO CE MATIN COMME PRÉVU – STOP – PRÉVENONS DAKAR – STOP – ATTENDONS INSTRUCTIONS POUR ÉVENTUELLES RECHERCHES

14 h 40.

Ai fabriqué des feux de détresse comme j'ai pu. Ai découpé des bouts de toile que j'ai enroulés, ficelés puis fixés sur les câbles de l'avion attachés en boucle. Jetterai de l'essence dessus et ils devraient s'enflammer. En utiliserai un toutes les vingt minutes pendant la nuit. Soleil très intense, mais de temps en temps léger coup de vent qui me soulage un peu.

15 heures.

Environ deux degrés de moins. Viens juste de retirer tous mes vêtements et me suis assis sur le coussin du siège du pilote. Ne porte que mon maillot de corps et mon caleçon, qui heureusement sont en soie, et suis ainsi relativement à l'aise. En retirant mes chaussettes, j'ai vu les jolis raccommodages qu'avait faits Chubbie. Ce qui va être un vrai régal, c'est bien sûr la tablette de chocolat que m'a donnée ma mère au moment de partir. Je n'ai pratiquement pas de nourriture. Le vautour s'est en allé, j'en suis soulagé ; les autres oiseaux sont également partis.

15 h 30.

Je me raccroche à l'espoir que Chubbie va tenter quelque chose. Je ne sais pas ce qu'elle peut faire exactement, mais j'ai foi dans l'action qu'elle va mener. Ma chérie m'a bien dit qu'elle ferait quelque chose la dernière fois que je l'ai vue.

16 h 15.

Je vais sans doute avoir des vertiges et des passages à vide, je dois donc écrire autant que possible au début, au cas où je ne serais plus capable de le faire ensuite. Je vais envelopper ce carnet dans un morceau de toile, le ficeler avec un câble et le laisser là en espérant qu'il sera récupéré et envoyé aux deux personnes que j'aime le plus. Bien sûr peut-être que je serai assez chanceux pour être sauvé. Je peux tenir environ une semaine. S'il te plaît, monsieur le pilote, sors ton avion et viens me chercher.

16 h 30.

J'ai du mal à en croire mes yeux, mais je viens juste de voir un moineau – cela me réconforte considérablement, car je dois sans doute me trouver dans les environs de la piste. Deux moineaux. Les voitures doivent partir à 18 heures s'il n'y a pas de nouvelles de moi. Je ne crois pas qu'ils pourront me voir depuis la piste. Ils verront peut-être mon feu ou une torche. Prions pour qu'il en soit ainsi. Cette journée semble interminable, et ce n'est que la première ! Si je survis, j'ai pris des résolutions auxquelles je veux me tenir. Chubbie, comment vas-tu maintenant ? Mère, votre attention et votre prévoyance me manquent.

J'ai trouvé un miroir de poche dans le kit de premiers secours, j'ai donc pu examiner ma blessure à la tête. Que des vilaines plaies. Versé une pleine bouteille de mercurochrome dessus, en espérant écarter ainsi les risques de septicémie. Dire qu'il faudra encore une heure avant que les voitures partent à ma recherche. Je pense que les journaux de Londres annonceront ce soir ma disparition. Chubbie doit être dans tous ses états et ma chère mère, le cœur brisé et tellement inquiète. Tout ce que je peux dire c'est que j'espère qu'ils s'activent du côté de Paris et de Londres. Sauf erreur, je dois être à 150 ou 200 miles de Reggane. Bizarre que je ne me souvienne presque pas de ce qui s'est passé avant l'accident. Cela me reviendra peut-être plus tard.

Oh ! même l'eau d'une baignoire, aussi sale qu'elle soit, je la boirais. Chubbie et ma mère doivent s'entendre et se rencontrer. J'aimerais pouvoir imaginer que s'il devait m'arriver quelque chose elles s'embrasseraient et pourraient parler de moi ensemble. Il est certain que si je m'en sors, je veillerai à ce qu'elles soient amies.

17 h 15.

Concernant mes réserves, j'avais à l'arrière deux gallons d'eau, un thermos de café et il restait encore de l'eau dans l'autre bouteille thermos. Je l'ai finie hier soir après ma lutte pour m'extraire du cockpit. Aujourd'hui j'ai bu une gorgée de café toutes les demi-heures – la bouteille n'est pas encore vide. Je vais rationner mon eau. Un thermos par jour que je remplirai du réservoir de deux gallons (que j'ai sorti de l'appareil). Ce dernier est quasiment plein et contient l'équivalent de sept thermos d'eau, donc, dans sept jours, je serai sans eau. Si j'ai de la fièvre, je serai sans doute incapable de me limiter à une bouteille par jour, mais je prie pour avoir la force de le faire. Les gens qui ne sont jamais allés dans le désert n'ont aucune idée de ce qu'est la soif. C'est l'enfer ! Je ne le comprends que maintenant. Cela vous rend fou. Je n'ai jamais connu un dixième de la souffrance que je dois endurer à présent pour survivre.

S'il vous plaît, venez vite. L'heure H est à 18 heures. Encore quarante minutes et vous y allez, les gars. J'espère que vous apportez de l'eau.

Message de la base d'Adrar pour Gao, 13 avril 1933, 18 heures :

REGGANE PRÉVENU – STOP – COMPAGNIE TRANSSAHARIENNE LANCE VÉHICULE SUR LA PISTE POUR COMMENCER RECHERCHE – STOP – POSTES D'OUALLENE ET DE BIDON V ALERTÉS – PRÉVENIR COMMANDEMENT AÉRIEN D'AOF POUR ÉVENTUELLE INTERVENTION – VOUS TENONS INFORMÉS DES RECHERCHES

18 h 30.

Ça y est, l'heure H a commencé, une voiture s'est mise en route depuis Reggane, à 150 miles environ d'ici. Je vais allumer un feu à 22 h 30 et à partir de là des torches par intervalles de trente minutes. Suis un peu abattu. Ai perdu beaucoup de sang. N'ai pas pu m'empêcher de respirer de l'ammoniaque pour me remonter un peu et de boire une demi-pinte d'eau. Ai essayé de manger une partie du poulet. N'y suis pas parvenu, par contre, ai réussi à avaler un petit morceau de chocolat.*

Quelle chose étrange et puissante que la foi. Je crois que quelqu'un va venir me secourir. Mais j'ai beaucoup appris au cours des dernières vingt-quatre heures. J'espère seulement pouvoir retrouver ma mère chérie et Chubbie ma bien-aimée.

Va faire très noir jusqu'à 22 h 30. Pas de lune. Vais essayer de dormir. Personne ne pourra de toute façon être dans les alentours avant cinq ou six heures.

* Environ 250 kilomètres.

Le capitaine Lancaster, qui tente de battre le record Londres-Le Cap, est porté disparu au Sahara, a-t-on appris jeudi auprès des autorités françaises. Le pilote britannique a quitté mercredi soir l'oasis de Reggane dans le Sud algérien en direction de Gao, sur le fleuve Niger. On est depuis sans nouvelles de lui.

W. N. Lancaster avait quitté Lympne, dans le Kent, mardi dernier, pour tenter d'améliorer le record de Mme Amy Mollison jusqu'au Cap.

(Dépêche UPI, 13/4.)

Reggane, le 13 avril 1933.

Ma douce,

Je rentre d'une mission de reconnaissance de près de deux mois du côté du Rio de Oro. J'ai trouvé à mon retour tes lettres et le colis avec le pull en laine ainsi que les pots de confitures. Quel luxe de pouvoir s'offrir une tartine à l'abricot en plein désert ! C'est bon pour le goût mais c'est bon surtout pour le moral. On en a parfois bien besoin dans ces contrées. Je suis bien content d'apprendre que l'oncle Roger est presque rétabli. A ce rythme-là, il sera sur pied pour la moisson. Je te conseille d'aller à Laugnac demander un peu d'aide au moins pendant une quinzaine de jours. Cela te soulagera un peu. J'imagine quels efforts tu as dû faire depuis plusieurs semaines toute seule et quelle corvée cela doit être pour toi d'avoir à présent ton père sur les bras.

Pour nous, la corvée commence. Nous allons rester au moins trois semaines à Reggane avant de reprendre le large. Tu ne peux pas savoir à quel point je déteste ces périodes au fortin. On s'y ennuie mortellement. Les journées se déroulent à ne rien faire, à jouer aux cartes, à dormir, à nettoyer nos fusils, à attendre on ne sait trop quoi. Je préfère (et de loin) les grandes virées dans le désert, même si elles sont rudes, et parfois dangereuses. Au moins avons-nous l'impression de servir à quelque chose. Et puis il faut bien avouer que c'est quand même plus exaltant de circuler dans des régions où personne ne s'est jamais aventuré que de rester allongé dans une chambre sordide, écrasé par cette chaleur insupportable. Heureusement qu'il y a tes lettres pour me réconforter. Si tu savais comme j'ai pensé à toi durant ces longues semaines. Je me voyais parfois dévalant le sentier de Rajade, mon barda sur l'épaule, pour venir te rejoindre, enfin libéré de mes solitudes sahariennes et de ma prison sans barreaux. Quel bonheur de pouvoir me glisser dans ton lit et de retrouver ta chaleur, la douceur de ta peau, et tous ces plaisirs qui me sont interdits…

J'ai aussi pensé que nous pourrions organiser une grande fête à mon retour. Qu'en dis-tu ? Cela nous permettrait de voir tout le monde en une seule occasion et t'épargnerait ainsi la fatigue d'avoir chaque soir à recevoir quelques visiteurs venus pour me saluer.

Les chameaux sont au pâturage. Une fois de plus, le mien a été impeccable durant toute la reconnaissance. T'ai-je dit que je l'ai rebaptisé ? Je l'appelle dorénavant Aman, ce qui veut dire "eau" en tamacheq, la langue des Touaregs. Pour l'autre, je vais réfléchir. Je n'ai pas encore trouvé le nom approprié (si tu as une idée, n'hésite pas). De toute façon, cela ne changera pas grand-chose car ces animaux ne répondent jamais quand on les appelle… Ce sont de bons serviteurs, mais il ne faut pas espérer en faire des toutous affectueux. Ils se foutent éperdument de nos signes d'affection.

Durant ces deux mois, nous avons établi une liaison avec trois autres pelotons de méharistes, près du Rio de Oro. Et c'est une première ! Je peux te dire que c'était plutôt risqué comme excursion car cette vallée est encore totalement insoumise. C'est de là-bas que les guerriers Reguibat et Ouled Delim lancent leurs rezzous contre les caravanes et contre nos hommes. Ce sont des types redoutables, très effrayants avec leurs chevelures hirsutes, et qui sont capables de parcourir plus de 1 000 kilomètres à travers le désert à chameau pour porter une attaque. L'an dernier, ils s'en sont pris au groupe nomade du Hodh et tué le pauvre lieutenant Mussat. Ils ont aussi massacré tout un peloton méhariste dans l'Adrar. Ce ne sont pas des plaisantins et ils connaissent le désert bien mieux que nous. Chaque soir, nous montions une barrière autour du camp avec les bagages. Je dormais avec mon fusil. Les factionnaires de nuit avaient consigne de ne pas allumer de feu pour ne pas nous faire repérer. Durant la journée, on profitait des endroits où les traces s'impriment mal sur le sol pour faire des crochets par précaution au cas où ces types nous poursuivraient. Notre mission avait pour but de montrer à ces nomades que nous pouvions frapper leurs campements. "Lorsqu'ils sentiront leurs biens menacés, ils cesseront de lancer leurs rezzous", nous répète-t-on ici depuis des mois. C'est chose faite, du moins je l'espère. Je ne tiens pas à faire leur rencontre dans l'erg Chech ou ailleurs, avec mes petits camarades.

Cette semaine, la température est montée à 48 °C et d'après ce que nous annonce Alger, les jours prochains vont être pires encore. Et nous ne sommes qu'en avril ! Cela promet pour la suite, d'autant que les vents de sable ne semblent pas non plus vouloir nous épargner cette année. Nous y avons eu droit durant trois jours pendant notre virée. Heureusement cela n'a pas trop perturbé notre avancée, mais ce n'est pas ce qu'il y a de plus agréable. Assis sur le chameau, on évite le gros du sable. On voit les rafales courir sur le sol sans trop en ressentir les effets. C'est lorsqu'il s'agit de manger ou de dormir que les choses se compliquent. Quant à faire marcher la TSF, il ne faut pas y compter. J'ai passé pas mal de temps avec le type qui s'en occupe. Un dénommé Pélissié. Il essayait d'établir la liaison avec Adrar et s'arrachait les cheveux devant son appareil qui ne fonctionnait plus. Heureusement qu'il est presque chauve ! Crois-moi, il ne nous a pas épargné toutes sortes de jurons durant ces semaines et nous a fait bien rigoler. Il a quand même trouvé le temps de m'expliquer comment ça marche. C'est un type sympa, un peu bourru mais très marrant. Il est originaire de Grenoble. Je suis sûr que tu l'apprécierais. Figure-toi que ce type a une fiancée à Paris et qu'il envisage à la fin de son service de la faire venir par ici et d'acheter avec sa solde un terrain du côté de Timimoun pour élever des chèvres. Le plus drôle c'est que, si j'ai bien compris, elle n'est pas encore au courant du programme qui l'attend ! Bon, je vais interrompre cette lettre, je la reprendrai tout à l'heure. C'est l'heure de la popote.

11 heures.

Je ne pensais pas revenir si tard dans ma chambre. Surtout que, pour une fois, nous n'avons pas joué à la belote. En fait, la discussion s'est prolongée très tard à cause d'une histoire d'aviateur anglais perdu dans le désert. C'est le capitaine qui nous en a informés. Il a appris par Alger qu'un type est porté disparu dans le Tanezrouft. C'est un pilote qui veut battre un record. D'après ce qu'on sait, le record de vitesse entre Londres et Le Cap. Il s'est posé ici la veille de notre arrivée avant de redécoller en direction de Gao. Depuis, plus de nouvelles. Le capitaine dit qu'il aurait peut-être été pris dans un vent de sable et obligé de se poser quelque part. J'espère en tout cas qu'on ne va pas nous réquisitionner pour aller le chercher, parce qu'on n'a pas eu le temps de se reposer. Ils ont déjà envoyé ce soir deux véhicules de la Transsaharienne sur la piste vers Gao. Peut-être qu'ils vont aussi faire appel au peloton motorisé de Reggane. De toute façon, s'il est tombé en plein Tanezrouft, il n'y a quasiment aucune chance de retrouver ce type et ça serait de la folie de nous envoyer là-bas. Je compte sur nos supérieurs pour ne pas nous foutre là-dedans. Le Tanezrouft, c'est une étendue plate, immense et sans aucun puits. Même les nomades ne s'y aventurent pas, ou alors très rarement, ils appellent cela le "pays de la soif". Cela demanderait trop de temps de mobiliser des méharistes comme nous. Il n'y a que le grand Cortier qui s'est aventuré là-bas pour effectuer un tracé pour le futur chemin de fer transsaharien. Mais s'il s'en est sorti, c'est par miracle. Laperrine, lui, y a laissé sa peau en voulant le survoler. Il s'est perdu et a dû se poser. Son avion a capoté et il a agonisé durant deux semaines. Et c'était quand même le plus grand de nos sahariens… Alors je ne vais pas me battre pour y aller et s'ils demandent des volontaires, tu peux être rassurée à l'avance : je resterai au fortin et regarderai mes camarades partir au supplice. Rechercher ce type dans ce désert, cela reviendrait à chercher une aiguille dans une botte de foin.

Bon, je vais me glisser sous ma moustiquaire et essayer de dormir un peu malgré la chaleur.

Je t'embrasse très fort.

RENÉ.

JOURNAL DE CHUBBIE MILLER

13/04/33.

Journée atroce. J'ai eu cette nuit ce pressentiment et, à 8 h 30, le téléphone a sonné. C'était le ministère qui m'annonçait la terrible nouvelle.

Les autorités françaises ont commencé les recherches. Est-ce qu'elles savent au moins où il a pu tomber ? Pourvu que tout se passe bien. J'ai tellement peur. Mon Dieu, aidez-moi, aidez-le.

DEUXIÈME JOUR

Sur cette terre de beauté,
Dieu donne les biens et désole,
Lui qui a réuni des hommes valeureux,
Pour les jeter dans le désert en pâture à la soif.

Chant touareg.

Vendredi saint – 14 avril.
6 heures.

Bon, j'ai passé une assez bonne nuit, sans trop de douleur. Mes torches ont très bien fonctionné, elles ont dégagé une lumière vive pendant plus de soixante secondes à chaque fois. J'en ai allumé une toutes les quinze ou trente minutes. Personne ne les a vues !!! Je suis donc à nouveau sous l'aile de l'appareil. J'ai bu une pinte au cours de la nuit et dois donc vraiment me limiter à une bouteille jusqu'à 20 h 30. Il est maintenant évident que je suis bien plus loin de ma route que ce que j'imaginais, sinon une voiture m'aurait vu pendant la nuit. Je n'ai pas aperçu la moindre lumière. Oh, je vous en prie, envoyez vos avions maintenant. Je ne me sens pas si robuste, je n'ai rien mangé de consistant depuis que j'ai quitté l'Angleterre.

Je continue, bien sûr, à découper des bouts de toile pour faire des torches.

Interview du général commandant du 19e corps d'armée d'Alger (L'Echo d'Alger) :

Pensez-vous que le pilote anglais qui a disparu depuis deux jours soit encore vivant ?

S'il a subi une panne de moteur au-dessus du Tanezrouft, il y a de bonnes chances pour qu'il soit encore vivant car le terrain dans cette région est totalement plat et permet l'atterrissage sans trop de difficultés. Mais il a peut-être subi une avarie plus grave au cours du vol. Pour l'instant nous l'ignorons.

Comment se déroulent les recherches ?

Tous les postes militaires de la région ont été alertés et un véhicule de la Transsaharienne a été lancé sur la piste Reggane-Gao dès hier pour tenter de le retrouver. Nous concentrons également nos recherches dans la région de Gao car nous pensons qu'il a pu faire un atterrissage forcé dans cette zone. Malheureusement, pour l'instant, l'avion n'a pas été repéré.

Que pensez-vous que le pilote va faire ?

Il connaît sans doute la consigne qui consiste à ne pas quitter son appareil. C'est la seule chance qu'il a d'être repéré. S'il part à pied, il mourra d'épuisement et de soif au bout de quelques heures, d'autant qu'il est peut-être blessé.

A-t-il des réserves d'eau et de la nourriture pour tenir plusieurs jours ?

Nous n'en savons rien. Nous avons prévenu les autorités britanniques et nous devrions obtenir rapidement des précisions sur l'équipement dont dispose ce pilote.

Sur quel type d'avion volait-il ?

Il volait sur un Avro Avian, un biplan équipé d'un moteur de 110 chevaux De Havilland, et doté d'une autonomie de vol de 2 300 kilomètres. Ce modèle vole à une vitesse de croisière d'environ 140 kilomètres-heure.

Cet appareil était-il doté de moyens de communication ?

A ma connaissance, il n'y avait pas de TSF à bord. C'est un équipement assez lourd qu'évitent d'emporter généralement les pilotes qui tentent ce genre de raid où prime avant tout la vitesse. D'ailleurs nous n'avons hélas capté aucun message de détresse depuis sa disparition.

Comment doit-il agir pour espérer s'en sortir ?

Il doit surtout ne pas se fatiguer, attendre à l'ombre de l'appareil et rationner strictement son eau en attendant d'être repéré. Durant la nuit, il faudrait qu'il parvienne à lancer des signaux avec un pistolet lance-fusées s'il en a un, ou alors qu'il allume un feu que nous puissions voir depuis la piste, sinon il sera extrêmement difficile de le trouver. Heureusement le Tanezrouft est totalement plat. Un feu peut s'y apercevoir à plusieurs dizaines de kilomètres de distance.

Ce pilote a-t-il été imprudent, selon vous ?

Il y a une règle de sécurité que ce pilote aurait dû respecter lorsqu'on survole ces régions hostiles, c'est de ne jamais s'éloigner de la piste, d'autant qu'il volait seul. Cette piste a été balisée pour les besoins de l'aviation militaire. Des baraques peintes en blanc, repérables depuis le ciel, ont été construites tous les dix kilomètres, cela l'aurait aidé. A Bidon V, le pilote aurait en outre disposé d'un terrain d'atterrissage et de quoi se ravitailler en essence et en huile s'il en avait besoin. Cet homme a voulu gagner du temps en partant de Reggane avant que la lune ne soit levée. Il a été sans doute trop confiant. La piste est comme un fil d'Ariane pour les pilotes. Le lâcher, c'est prendre un risque. Dès lors, on se retrouve à la merci d'un incident technique ou d'une panne d'essence. Et ici, il y a un proverbe kounta qui dit : "Au Sahara, on a toujours le hasard contre soi."

Est-ce qu'il y a des nomades dans cette région ?

Les nomades évitent cette zone et la craignent. D'ailleurs ce n'est pas nouveau. Les anciennes pistes entre les palmeraies algériennes et le Niger contournaient déjà cette immense étendue. C'est une région sur laquelle planent de nombreuses légendes. D'après ce que nous savons, elle est totalement dépourvue d'eau et de pâturages, mais presque personne ne s'y est aventuré et, pour être franc, nous possédons très peu d'éléments géographiques ou topographiques sur cette zone. Il n'y a en tout cas presque aucune chance pour qu'une caravane repère ce pilote. Pour nous militaires, c'est une région tristement célèbre puisque le général Laperrine y a trouvé la mort après quinze jours d'agonie. Je voudrais d'ailleurs au passage rendre hommage au capitaine Cortier qui est le seul à l'avoir traversée entre Ouallene et Achourat en 1912, avec deux nomades et deux méharistes de la compagnie d'In Salah, pour tenter d'établir un tracé pour un futur chemin de fer transsaharien. Il a pris des risques insensés pour réaliser cette reconnaissance. Souvent on ne revient pas du Tanezrouft.

Etes-vous confiant quant aux chances de retrouver ce pilote vivant ?

Je compte beaucoup sur l'aviation militaire. Ce n'est pas la première fois qu'un pilote s'égare dans le désert. Nos hommes ont la compétence et les qualités nécessaires pour nous permettre de rester raisonnablement optimistes. Ils vont en tout cas faire tout leur possible, et même risquer leur vie s'il le faut, je peux vous l'assurer, pour retrouver cet homme et le sauver.

Café Le Départ, *Paris, 14/4, 11 h 15.*

Moi je ne suis pas un pilote, mais tout ce que je peux te dire c'est que s'il est perdu dans le Tanezrouft, il n'a aucune chance de s'en sortir. Le Tanezrouft, je l'ai traversé en voiture, sur une Delage, en 1930, pendant le Rallye saharien. C'est un enfer. C'est tout plat. Il n'y a rien, pendant des centaines et des centaines de kilomètres. Rien. Pas un puits. Tu roules, le ciel se confond avec le sable. Tu suis les traces parce qu'il n'y a que ça à faire et tu pries pour que le moteur tienne et que t'aies pas de panne sinon tu sais que les choses vont se compliquer. La piste, elle est balisée, les militaires y ont construit des sortes de cabanes en tôle. Elles sont peintes en blanc et normalement elles sont visibles depuis le ciel. Et puis souvent il y a aussi des bidons, des caisses abandonnées le long de la route. Elles servent de repères. Mais si tu t'éloignes de la piste et qu'il arrive un problème, personne peut te retrouver, t'es foutu, tu crèves là, tu meurs de soif. J'ai déjà vu un type qu'était mort comme ça. Sa peau était parcheminée, toute rétrécie à cause de la sécheresse, il avait l'air de hurler, c'était horrible. Souvent, on les retrouve nus, ils deviennent fous à cause de la chaleur et ils se déshabillent. Quand on a soif, il paraît que la langue gonfle, qu'elle est énorme dans la bouche, enfin on a l'impression.

Là-bas dans le Tanezrouft, attention, il peut faire des 60, 70 °C parfois ! Et puis c'est immense cette région. Dans le Tanezrouft, il n'y a que des pierres brûlées par le soleil et du sable à perte de vue. Dès qu'il y a du vent, tu ne vois plus rien à cause de la brume sèche qui se forme au-dessus du sol.

Personne n'oserait s'aventurer là-bas pour rechercher un type qui s'est égaré. Ça serait trop dangereux. Même les militaires le feront pas. Bien sûr, ils vont pas le laisser mourir sans rien faire, mais ils vont pas faire n'importe quoi. Ils vont pas risquer de mourir pour ce type.

Bon, ce pilote, d'après ce qu'ils ont dit dans le journal, c'est un ancien de la RAF, ça lui donne une petite chance supplémentaire. Ils vont faire quand même des efforts pour le retrouver. Mais ça reste un civil, ils vont pas prendre des risques insensés pour lui. C'est normal. Moi, je serais colonel ou général, je ferais pareil. Et puis ce gars-là, il est monté tout seul dans son avion pour battre son record, il savait que c'était dangereux. C'est sûrement un aventurier, ce type. Il devait savoir qu'il y avait des chances d'y rester, que c'était un peu quitte ou double. C'est quand même pas rien de traverser le Sahara et puis de voler jusque là-bas au Cap ! Alors tu sais, les militaires, ça m'étonnerait qu'ils veuillent mourir pour ce type un peu fêlé. Parce qu'il faut être un peu fêlé pour tenter un truc pareil, t'es pas d'accord ? De toute façon, il n'y a presque aucune chance de le retrouver surtout qu'on ne sait pas vraiment dans quelle zone il est tombé. Entre Gao et Reggane, ça fait 1 400 kilomètres. Pour Laperrine, les militaires ont fait tout ce qu'ils pouvaient pour le retrouver mais ça ne l'a pas empêché de mourir. Les militaires le vénéraient. Ils l'auraient jamais abandonné. Mais là, ce n'est pas pareil.

9 heures.

Mes yeux me font souffrir à nouveau. Ils sont quasiment fermés tant ils sont enflés. J'ai trouvé de la Joncolia, une pommade américaine contre les coups de soleil, que j'ai barbouillée autour de mes yeux. Cela m'a apaisé. Le soleil chauffe de plus en plus, il y a un léger vent qui, bien que très chaud, vient me soulager un peu. L'amplitude thermique est vraiment incroyable. Pendant la journée, il fait chaud comme dans un four, et la nuit j'ai besoin de tous mes vêtements, c'est-à-dire : maillot de corps, chemise, pull (très épais), manteau, blouson (léger), écharpe en laine, pantalon et pantalon de vol pardessus, chaussettes et caleçon long. Et malgré tout cela, j'ai encore froid. L'eau devient très froide pendant la nuit, aussi je remplis le thermos dès le matin pour garder de l'eau très fraîche pour le restant de la journée. J'en bois une gorgée toutes les demi-heures. Je ne me suis jamais vraiment perdu dans le désert, c'est pourquoi je ne connais pas la méthode à suivre pour s'hydrater au mieux. Il y a une chose que je sais : c'est que lorsque je lève ma bouteille pour boire ma gorgée, il faut que je fasse appel à toute ma volonté pour ne pas la lever tout à fait et m'en envoyer un bon coup, c'est-à-dire l'équivalent de la moitié d'un verre.

Je ne sais pas exactement à partir de quand je serai vraiment faible, pas avant deux jours de toute façon. Tant que j'en ai la force, je vais continuer à préparer des torches avec des bouts de toile que je fixe sur les câbles attachés en boucle.

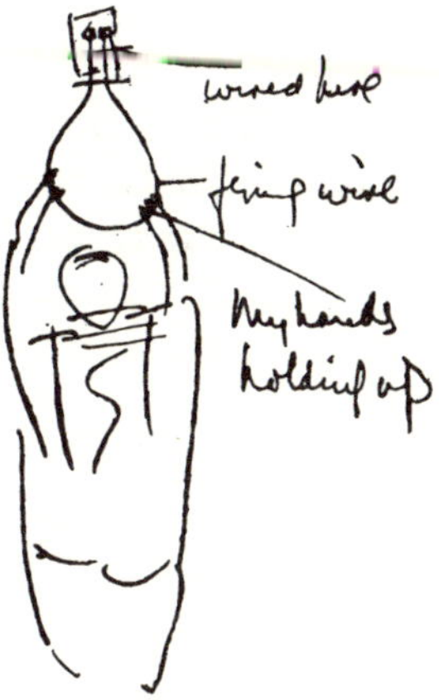

Je voudrais, la nuit, en allumer une toutes les demi-heures environ. J'ai compté mes allumettes. Il m'en reste dix-huit. Il faut donc que j'entretienne le feu aussi longtemps que possible pendant la nuit. Il faudra aussi que je brûle, avec beaucoup de parcimonie, des morceaux de carcasse de l'appareil. Je vais épargner la toile des ailes supérieures (en fait le dessous des ailes inférieures, étant donné que l'appareil s'est retourné en s'écrasant) afin d'être vu par d'éventuels avions partis à ma recherche. Si des avions décollent demain de Reggane, on devrait pouvoir me retrouver vivant.

Mes pensées sont allées ce matin à ceux qui me sont proches et qui me sont chers. Je leur renouvelle mes tendres sentiments et l'expression de mon affection. Oh Chubbie, ma chérie, te reverrai-je un jour ? Ma chère petite mère, pour la paix de votre fils aîné, prenez Chubbie auprès de vous et veillez à ce qu'elle suive le droit chemin, si jamais je devais mourir. Car si je vis, mis à part le travail que je ferai pour subvenir à nos besoins, je jure de me consacrer entièrement à elle. Mon pauvre vieux Southern Cross Minor. *Quelle fin misérable ! Je suis certain que Smithy sera triste d'apprendre cela. C'était vraiment une bonne machine. Et quand je repense avec quelle affection mes parents m'ont soutenu dans cette tentative de record. Quel échec ! Et quel endroit pour finir sa course ! Me sens épuisé, continuerai plus tard.*

Londres, le 14 avril 1933.

Chère madame Lancaster,

Nous voilà de nouveau plongées dans l'angoisse. J'imagine combien ces heures sont difficiles pour vous et votre mari. Je n'ai pas encore osé parler aux petites. Je vais attendre encore quelques jours. Peut-être une bonne nouvelle arrivera-t-elle d'ici là ? Je vais prier pour cela. Je vais prier pour Bill, pour vous, pour nous tous. Je ne sais pas jusqu'où nous mènera cette aventure. Depuis six ans, j'ai l'impression d'une descente continue vers la nuit la plus profonde. Je veux croire que tout cela va s'arrêter aujourd'hui et qu'une nouvelle vie s'annonce, moins tourmentée, plus harmonieuse, plus lumineuse. Mais j'ai parfois du mal à y croire vraiment...

Comme vous, je vis dans l'attente de son apparition prochaine en tenue d'aviateur sur le pas de la porte. Non pas le Bill de ces dernières années, mais celui que j'ai connu. Celui de l'Inde, celui de Halton, de Wendover. Le jeune pilote plein d'enthousiasme avec lequel je partais faire de grandes balades à cheval, le charmant jeune homme qui m'effrayait en participant à des rodéos ou en sautant en parachute et qui le soir vendait des voitures au *Red Rose Garage* en espérant faire fortune. Ce Bill, un peu immature, mais que j'aimais, si affectueux plus

ED R

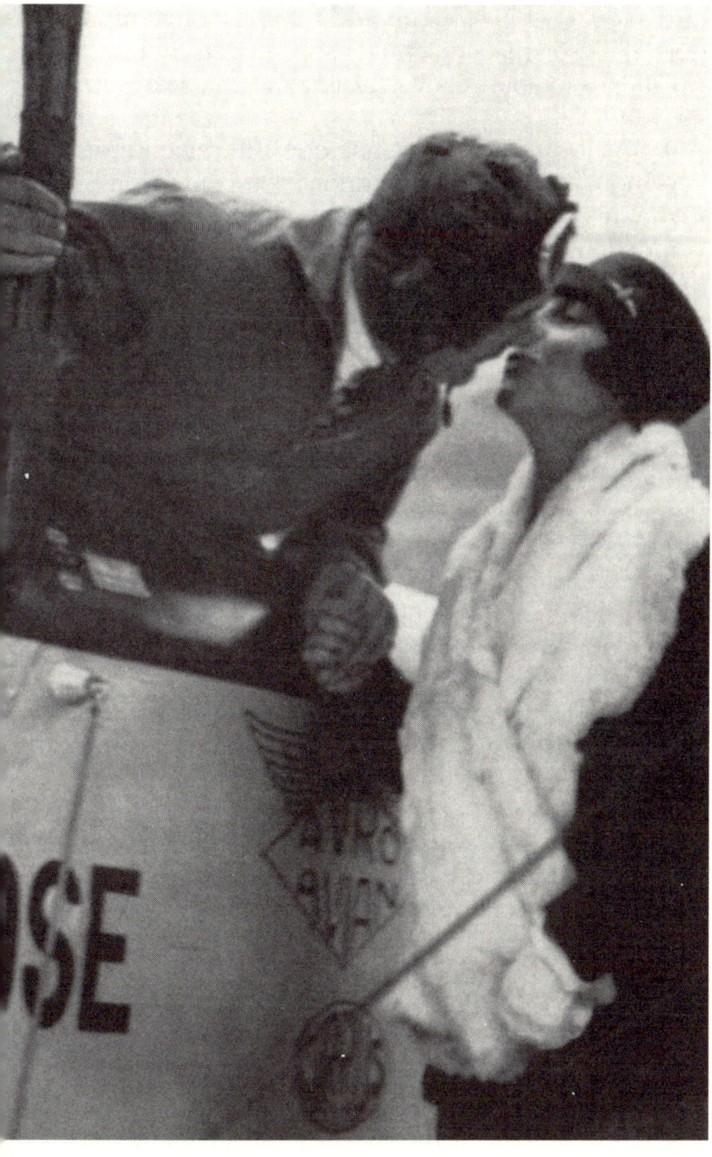

"J'ai trouvé l'autre jour dans leur chambre la photo prise avant le départ de Bill pour son vol vers l'Australie" *(p. 55)*.

tard avec nos filles, je l'ai perdu depuis longtemps déjà. Il n'est jamais revenu de son vol vers Sydney. Je l'attends toujours et c'est lui, j'espère, que le désert me rendra.

Après le procès, j'ai pensé que Bill reviendrait vers moi et que nous reprendrions notre vie d'avant. Je me suis dit que nous allions pouvoir nous retrouver, qu'il n'y avait plus d'obstacle entre nous désormais puisque cette femme l'avait trompé et qu'elle affirmait tout haut dans la presse qu'elle ne l'aimait plus. Et puis j'ai vite compris que les choses ne seraient pas aussi simples. Qu'il lui faudrait du temps. Bill n'a presque pas vu les petites depuis son retour de Miami. Il n'a presque jamais demandé de nos nouvelles. J'essaye de me convaincre qu'il s'agit là d'une réaction de fierté, que son amour-propre a été blessé par cette histoire et que c'est cela qui l'empêche de revenir vers nous. J'essaye de me dire qu'il faut être patiente. Il faudra du temps. Plus que je ne l'ai imaginé sans doute, plus que nous ne l'imaginons peut-être.

Je sais que le voir revenir auprès de ses filles serait un extraordinaire soulagement aussi pour vous. J'ai envie de le voir vous faire ce cadeau. J'avais tant espéré déjà, il y a quatre ans, lorsque je suis partie le retrouver à New York. J'imaginais que nous rentrerions bientôt ensemble vers l'Europe. Mais je m'étais enfermée dans un faux espoir, vous le savez, je l'ai découvert sur place. Et je suis rentrée seule en Europe sur ce grand paquebot avec mes désillusions. Si j'ai refusé le divorce, c'est que malgré tout je crois toujours en lui. Aujourd'hui, je pense à notre bonheur, le mien et le vôtre. Je voudrais que Bill revienne, qu'il puisse vous revoir, que vous puissiez lui parler, vous qu'il aime tant et qui m'avez tant soutenue dans cette épreuve. Il nous faut trouver la force de garder espoir.

Les années ont passé, lourdes de doutes et d'incompréhension. Les moments heureux me semblent déjà loin. J'oublie des instants, des paroles. Je m'accroche à quelques souvenirs qui s'effacent peu à peu. Je ne sais pas si d'autres moments aussi heureux m'attendent. Je reste dans cette attente, sans oser vraiment vivre. Mon existence est restée comme en suspens depuis ce triste vol. Je n'ai jamais envisagé une autre vie avec un autre homme. J'essaye de faire confiance au destin et de prier. Les petites sont là heureusement pour m'empêcher de sombrer. Elles me poussent sans cesse à avancer. Depuis quelque temps, j'ai remarqué qu'elles m'interrogent moins sur leur père, mais je les soupçonne de discuter beaucoup entre elles. J'ai trouvé l'autre jour dans leur chambre la photo prise avant le départ de Bill pour son vol vers l'Australie. Elles sont allées la trouver dans l'album placé dans mon armoire. C'est la photo sur laquelle on voit Bill m'embrasser avant de monter dans l'avion et Mme Chubbie Miller, déjà assise à l'intérieur du *Red Rose*, qui nous regarde. Elles m'ont demandé plusieurs fois qui était cette femme qui avait battu le record avec papa. Et puis elles m'ont demandé plusieurs fois pourquoi je ne pilotais pas moi aussi et pourquoi je n'étais pas montée dans l'avion pour battre le record avec leur père. Je crois qu'elles ont compris beaucoup de choses…

Aujourd'hui Bill est perdu dans le désert comme il est perdu dans son existence. Je voudrais qu'il retrouve le chemin qui mène jusqu'à nous. Je suis prête à l'accueillir dans notre foyer et à lui pardonner. Il nous faut rattraper le temps perdu, nous avons laissé filer trop d'années. Peut-être serons-nous tous bientôt réunis chez vous, un dimanche, autour d'un bon repas, comme autrefois. On m'a dit que le désert changeait parfois les hommes, que l'expérience de la solitude les ramenait souvent vers l'essentiel, ce qui comptait vraiment dans leur vie… Où qu'il soit, je suis persuadée qu'il pense très fort à vous en ce moment. J'espère aussi qu'il pense à ses filles et qu'il fera tout pour les revoir. Je garde espoir et vous embrasse de tout mon cœur.

KIKI.

10 h 30.

Viens juste d'essayer d'examiner l'état de mes blessures. Le plus inquiétant reste les coupures entre les yeux, et surtout celle au-dessus de mon œil gauche. J'ai extrêmement peur de la septicémie. Ça a été long et douloureux de décoller le pansement. Maintenant je ne sais pas s'il vaut mieux couvrir ces plaies ou les laisser sécher à l'air libre. Beaucoup de sable est entré dans mes blessures la nuit dernière – ou tout du moins la nuit précédente. Bien entendu je suis terriblement déçu de n'avoir vu aucuns phares de véhicule la nuit dernière. J'attends maintenant des avions, beaucoup d'avions.

La tentation d'attraper la bouteille d'eau est terrible. Elle renferme un tel nectar ! C'est mon seul désir pour l'instant : de l'eau, de l'eau, de l'eau ! Mère, que penseriez-vous si je me précipitais dans la salle de bains et plongeais ma tête dans l'eau de votre baignoire, propre ou sale, et me mettais à boire sans m'arrêter ?

Viens de voir un papillon blanc et une libellule (non, ne suis pas en train de rêver, pour de bon), cela renforce mon espoir d'être près d'une oasis et aussi près de la piste. Venez, avions ! C'est étrange mais j'ai eu aussi soif cette nuit que durant le jour. Etrange parce qu'il fait vraiment froid la nuit, comme je l'ai déjà dit.

Le vent a tourné nord-est à sud-ouest. Il souffle fort et reste très chaud. De 10 h 30 à 16 h 30, c'est un vrai supplice !!!

J'arrêterai d'écrire dans ce carnet lorsque je me sentirai trop faible pour le faire, alors je l'emballerai dans un morceau de toile de l'aile et l'adresserai à ma mère. J'y décris sincèrement toutes mes pensées et tous mes sentiments tandis que je suis là, à attendre du secours, ou la FIN. *Si c'est cette dernière que Dieu me réserve, je quitterai ce monde dignement.*

Hyde Park, Londres, 13 h 43.

Quand j'ai entendu que Bill Lancaster était porté disparu en plein désert, ça m'a rappelé tous ces souvenirs. Le soir, je n'ai pas pu dormir. Je suis resté une partie de la nuit assis sur le bord de mon lit. J'ai même ressenti ma douleur à l'abdomen que le médecin disait guérie. Tu sais, c'était comme si j'avais reçu un nouvel éclat d'obus. J'ai même pensé un instant que les camarades allaient me relever et m'évacuer vers l'arrière. J'ai cru revoir le visage de Lancaster. J'ai même cru l'entendre me parler et puis les médicaments ont commencé à faire leur effet et je suis tombé de fatigue. Ce matin, lorsque je me suis réveillé, j'étais assommé. J'étais encore dans les tranchées d'Ypres. J'avais froid. Je grelottais. Je sentais le sol glacé au-dessous de moi. Je sentais la chaleur de mon sang qui se répandait sur ma cuisse, sur mon ventre. Je ne bougeais pas. J'entendais des râles. Ceux des agonisants. Comme moi. Partout, des râles. Je voyais de brusques halos de lumière, violents, et ce liquide épais, sur ma jambe, ça m'éblouissait, ça me faisait mal à la tête, je grelottais, c'était chaud sur ma jambe, et puis j'entendais le silence entrecoupé d'explosions, des chocs lourds qui résonnaient dans mon crâne, et ça me martelait la chair à vif, c'était terrible de ressentir cela.

Je me suis souvenu de ce gars, du bateau qui quittait l'Australie. On allait vers la guerre. Mars 1917. C'était un brave type, plutôt téméraire, un gars très doué en mécanique. C'est ce qui lui a permis de rejoindre ensuite la RAF. Sinon il n'aurait jamais fait ça. Enfin, je veux dire, il serait sans doute jamais devenu pilote. On a débarqué en France et on s'est retrouvés ensemble dans les tranchées. On a découvert la guerre, les obus de 210, les rafales de mitrailleuse, le froid, la boue, et puis les épidémies, la puanteur, les corps mal enterrés qui vous accrochent, la peur, on a découvert tout ça ensemble. Au début, on pensait gagner la guerre en quelques jours, on pensait même aller jusqu'à Berlin, on se croyait plus forts que les autres. On était de pauvres imbéciles, on avait même hâte de se battre, et puis après on a commencé à comprendre, on a découvert où on était tombés, et à partir de ce moment-là on a juste voulu s'en sortir. On ressemblait à de la boue, on ressemblait à des cadavres, on attendait d'être enterrés, d'ailleurs on était déjà presque enterrés, on avait commencé à s'enterrer nous-mêmes dans nos tranchées. On attendait juste que la mort nous tombe dessus. Souvent on n'avait pas longtemps à attendre. Avant l'attaque de la crête de Messines, je me souviens, on nous a fait venir à l'arrière pour nous entraîner. C'est là que Lancaster a pris le virus de l'aviation, parce qu'il y avait une escadrille tout près de là, c'était la grande distraction d'aller voir les "as" décoller. Fallait voir ça, c'était des jeunes comme nous, sans expérience, à peine vingt heures de vol pour certains. On les enviait. Ils dormaient dans des logements chauffés, dans des draps propres et ils mangeaient de vrais repas. En plus, pour tout le monde, c'étaient des héros, des courageux qui mouraient avec les honneurs. Nous, on dormait avec les rats, dans le froid, entourés de barbelés, on crevait sous les obus, sans gloire, anonymes.

Les pilotes attaquaient des gares, des voies ferrées ou bien des garnisons. C'était dangereux parce que souvent ils volaient seuls. Ils faisaient aussi beaucoup de vols de reconnaissance et d'observation. Les avions allemands, eux, ils volaient en groupe, des fois à quarante, avec leur "cirque volant", et ils attaquaient en arrivant par-dessus ou par-derrière. Ils étaient forts. Nos types se faisaient descendre sans avoir pu réagir. En plus, les pauvres n'avaient pas de parachute. C'était pas autorisé. Le gouvernement disait que c'était trop lourd et trop difficile à utiliser. En fait, ces salauds des ministères pensaient que ça risquait de diminuer le courage de nos pilotes. Ils se disaient que sans parachute les types se battraient jusqu'au bout et qu'ils vendraient plus chèrement leur peau.

Bill voulait tellement être incorporé dans cette escadrille qu'il est allé en parler à un gradé de l'Australian Flying Corporation. Dans les tranchées, il lisait sans cesse un livre sur la fabrication des Nieuport qu'un gars lui avait prêté. Il répétait souvent qu'il voulait apprendre rapidement à piloter. Il rêvait de devenir Albert Ball et d'abattre des dizaines d'avions.

Souvent le soir, on discutait. On essayait de se soutenir. On essayait de ne pas penser à la guerre. On parlait de l'Australie, des quartiers de Sydney qu'on aimait bien. On se remémorait les rues tortueuses de King's Cross, avec ses artistes, ses prostituées, ses homosexuels et ses gangsters. On essayait de se souvenir de chaque devanture de Woolcott Street, *"the dirty half mile"*, avec ses trois bordels, ou de William Street, avec ses pubs, et le grand café chinois, où j'avais mes habitudes. On aimait aussi se souvenir du bruit métallique des tramways qui dévalaient les pentes en faisant retentir leurs cloches, du ferry *Isle of San* qui nous amenait passer la journée à la plage de Manly, de l'épicerie de

Darlinghurst Road aux odeurs si caractéristiques, de *Charlie the Pieman* qui avait fait fortune en vendant sur ce bout de trottoir des gâteaux aux pommes qu'il préparait chez lui, des théâtres et des cinémas de Victoria Street où j'allais voir les épisodes de *Tarzan of the Apes.*

Bill aimait tous ces endroits. Ça lui faisait du bien d'en parler.

Là-bas, il vivait chez son oncle sur Neild Avenue. A cette époque on envoyait souvent les jeunes Anglais se former dans les dominions. Le gouvernement favorisait ce genre d'expérience. Manque de chance, lorsque Bill est arrivé en Australie, la guerre avait déjà éclaté et le programme venait d'être suspendu. Il a dû faire des petits boulots. Il a d'abord bossé comme électricien. Il s'y connaissait en électricité parce que sa mère avait écrit un bouquin là-dessus, sur l'utilisation de l'électricité à la maison, si je me souviens bien. C'était nouveau à l'époque. On n'était pas tellement habitués à ça. Puis il a pris le train et il est parti travailler chez un éleveur de moutons en Nouvelle-Galles-du-Sud, à Hay. C'était dur là-bas, mais ça lui plaisait. Il passait la journée à cheval, à galoper sur d'immenses étendues pour surveiller un troupeau de plusieurs centaines de bêtes. Il est devenu très bon cavalier. C'est comme cela qu'il a pu intégrer ensuite la cavalerie australienne. Puis il est venu se battre en France.

Dans les tranchées, avant la grande offensive, on a reçu chacun une lettre du *Major General* Monash. Il disait qu'il fallait se tenir prêts, que l'attaque était proche et qu'on allait bientôt entrer dans l'histoire. Il racontait aussi qu'à Bullecourt, les Allemands avaient laissé crever de faim les prisonniers australiens. Monash voulait qu'on soit féroces au combat, il disait que c'était le tournant de la guerre, bref, des conneries de généraux, et nous, comme des idiots, on commençait à y croire. On avait la trouille, mais on avait envie de se battre et d'en finir. La nuit de l'attaque, à 3 h 10 exactement, notre artillerie est entrée en action et on a fait exploser les mines énormes qu'avaient été placées dans les galeries souterraines creusées sous les lignes ennemies. La terre a tremblé. On aurait dit un vrai séisme. Avec Bill et d'autres camarades, on est montés sur le parapet pour regarder ça. C'était un putain de spectacle !

Puis on a reçu l'ordre de donner l'assaut. On est sortis des tranchées et on s'est mis à courir en direction des lignes ennemies, c'est là qu'une balle de mitrailleuse m'a déchiré la cuisse et une partie du ventre. Lancaster m'a écrit plusieurs fois à l'hôpital. Il m'a appris que l'offensive avait été un succès. On avait repris la crête de Messines, mais ça n'a rien changé. La guerre a continué comme avant. A l'automne, il m'a annoncé qu'il allait intégrer l'Australian Flying Corporation. Il était heureux. Mais au bout de quelques mois, il a cessé d'écrire et j'ai su qu'il avait eu un grave accident, il s'était écrasé au retour d'une mission durant une tempête de neige. On s'est perdus de vue. C'est au moment de son record que j'ai à nouveau entendu parler de lui. C'était impressionnant de le voir partout en photo dans le journal ou sur des publicités pour le constructeur Avro. Et puis après, il y a eu son procès à Miami. Ça m'a beaucoup étonné qu'on l'accuse de meurtre parce que c'était un type bien. En même temps, comme sa fiancée l'avait trompé, je me suis dit qu'il avait peut-être perdu la tête. J'ai suivi chaque jour le procès dans le journal. Quand ils ont dit que c'est lui qu'avait écrit la lettre retrouvée à côté du cadavre, là je me suis dit que c'était foutu, que c'était pas un suicide mais un meurtre et qu'il allait être condamné à mort. Ça m'a fait plaisir qu'il soit finalement acquitté parce qu'à la fin j'étais sûr qu'il était innocent. Je savais que cette lettre, il l'avait écrite après coup, dans un moment de panique, parce qu'il savait justement qu'on allait l'accuser du meurtre.

Quand il est rentré en Angleterre, j'ai pensé un moment lui écrire pour le féliciter. Et puis je me suis dit que ce n'était pas la peine. Qu'il n'y avait pas de raison de le faire.

J'espère qu'ils vont le retrouver maintenant. Ça me ferait de la peine qu'il meure comme ça dans le désert après avoir surmonté des épreuves pareilles. Et puis ça m'a fait de la peine d'apprendre que ses parents avaient dépensé beaucoup d'argent pour l'aider à acheter cet avion. Lancaster m'avait souvent parlé d'eux pendant la guerre.

13 h 45.

Me sens très mal à cause des maux de tête. Ai essayé d'utiliser un peu l'alcool contenu dans la boussole. Pas bon. En ai aspergé au-dessus de ma tête, l'évaporation m'a rafraîchi quelques secondes. Dans quelques jours, je serai trop faible pour continuer à écrire dans ce carnet. Mes pensées pour mère et Chubbie – je vous aime toutes les deux.

Message radio envoyé à Adrar par un véhicule de la Transsaharienne, 14 avril 1933, 16 heures :

AVONS ATTEINT BIDON V – STOP – RECHERCHES NÉGATIVES – STOP – POURSUIVONS EN DIRECTION DE GAO – STOP – DEMANDONS SOUTIEN AÉRIEN

Reggane, le 14 avril 1933.

Ma douce,

Ce matin, nous sommes allés Berthelot et moi faire un tour du côté de la palmeraie. C'est toujours le même spectacle et rien n'a changé depuis notre départ : les maisons aux murs de boue séchée en partie effondrés, les enfants dépenaillés qui accourent vers nous en riant, le grincement des poulies qui remontent l'eau du puits, ces femmes noires qui irriguent les seguias. Ici rien ne change. Le temps ne compte pas. Et puis toujours les mêmes demandes. Un vieil homme est venu se plaindre d'un mal de dents. Une femme nous a suppliés de la suivre, ce que d'ailleurs nous avons fait. Elle voulait nous montrer son enfant atteint de paludisme. L'enfant était dans un sale état, allongé dans l'obscurité sur une paillasse, le regard éteint. Nous avons promis d'en parler au chef infirmier. Il essaiera sans doute de faire quelque chose. C'est un gars bien. J'ai appris qu'ils sont en train de construire près du bordj d'Adrar une infirmerie pour les indigènes. Je crois que c'est une excellente chose et nous ferions bien d'en faire autant par ici. Crois-moi, il y aurait de quoi faire et un médecin ne s'y ennuierait pas.

Après la sieste, je suis allé trouver Pélissié pour savoir où en étaient les recherches pour secourir le pilote britannique. Les véhicules lancés sur la piste ne l'ont pour l'instant pas repéré. Ils ont atteint Bidon V et vont poursuivre vers Gao. Je doute fort qu'ils trouvent quelque chose, à moins d'un incroyable coup de chance. Ce type avait paraît-il l'air très fatigué lorsqu'il s'est posé à Reggane. Il a pris un repas ici au bordj avec le commandant du peloton motorisé puis il s'est reposé deux heures seulement dans une chambre de la Compagnie transsaharienne. Ensuite il a demandé à être ramené au terrain d'aviation. Le directeur de la Transsaharienne et le commandant l'ont raccompagné en voiture tout en essayant de le convaincre d'attendre que la lune soit levée pour redécoller car sinon il ne pourrait pas suivre la piste vers Gao. Le type n'a rien voulu savoir et il a redécollé sans attendre. Son décollage, paraît-il, n'était pas du tout assuré. L'avion a fait ensuite une boucle au-dessus du terrain puis est parti plein est. Cela ne les a pas trop étonnés car la piste part au début vers le sud-est avant de plonger franchement vers le sud. D'après le commandant, le type a loupé la balise à partir de laquelle elle est nord-sud. Regarde si des fois on ne parle pas de lui dans le journal. Il s'appelle Lancaster. En plus, d'après ce qu'on sait, il n'a pas de lumière dans son cockpit et une boussole non compensée pour s'orienter. Il naviguait à l'estime en pleine nuit ! C'était drôlement risqué. Peut-être aussi qu'il s'est endormi aux commandes ? Ça va te faire sûrement rire, mais c'est arrivé il n'y a pas longtemps à une pilote anglaise qui s'était attaquée au même record*. Elle s'est posée à In Salah en croyant être ici à Reggane, à 350 kilomètres de distance. Elle

* Il s'agit de la pilote britannique Lady Bailey, qui s'envola le 15 janvier 1933 de Londres à bord d'un petit avion Puss Moth 135 chevaux pour tenter de battre le record de vitesse jusqu'au Cap.

a avoué s'être endormie durant le vol. Avant cela, elle avait dû faire un atterrissage forcé à cause d'une panne d'essence. C'est l'aviation militaire qui l'a retrouvée. Le plus étonnant c'est que Lancaster s'apprêtait à partir à sa recherche. C'est en tout cas ce qu'il a raconté lorsque Lecerf lui a parlé de cette histoire. Mailloux, qui a travaillé comme mécanicien durant la Grande Guerre, pense plutôt que l'Anglais a subi une panne de moteur. Avec le vent de sable qu'il y a eu ces jours derniers, le moteur s'est peut-être grippé. Tous les pilotes des escadrilles redoutent cela au-dessus du Sahara. D'ailleurs, tous les véhicules qui s'aventurent jusqu'ici, avions ou autres, sont constamment lubrifiés, sinon ils n'échappent pas à la panne au bout de quelques kilomètres. On nettoie les moteurs couverts de sable à l'essence puis on les graisse avec une sorte de gélatine, qui ressemble d'ailleurs à de la gelée de groseille, ou bien avec de l'huile. Il paraît qu'en Mauritanie des moteurs de Potez sont réformés après quatre-vingt-dix heures seulement de vol (à cause des entrées de sable par les prises d'air des carburateurs, m'a expliqué Mailloux) ! Ici on n'est jamais à l'abri des surprises. Récemment, près d'Amguid, un lieutenant de notre aviation militaire a eu une belle frousse à cause de ces foutus grains de sable. Au moment d'atterrir, il n'a pu tourner la manette des gaz pour réduire sa vitesse : impossible, elle était coincée à cause du sable ! Il a été obligé de couper l'allumage. A ce moment-là, à quelques mètres du sol, une rafale de vent a déséquilibré l'appareil qui s'est écrasé. Les gars ont eu de la veine, ils n'ont rien eu. Je ne sais pas si l'Anglais aura autant de chance. D'après Mailloux, si on ne prend pas de précautions, un vent de sable peut même ronger l'hélice en bois de l'avion et la rendre inutilisable. Il paraît qu'ils utilisent maintenant pour certains raids des hélices blindées ou métalliques et qu'ils montent à plus de 1 500 mètres pour éviter le sable en suspension.

Bref, comme tu le vois, cette histoire occupe bien nos esprits et nous pourrons au moins remercier ce type de nous avoir aidés à passer le temps, en espérant quand même que ce pauvre bougre s'en sorte.

RENÉ.

3 heures de l'après-midi.

Ai presque fini une bouteille mais ne toucherai pas à la réserve avant 18 heures. J'ai suffisamment d'eau pour cinq ou six jours, ce qui, je pense (un de passé), leur laisse quatre ou cinq jours pour me trouver. Suis porté disparu depuis presque deux jours.

Miami, le 14 avril 1933.

Monsieur,

Vous avez sans doute appris comme moi la nouvelle de la disparition de M. Lancaster. Cette nouvelle ne m'a certes pas apporté de joie mais, oserais-je vous l'avouer, du fond de ma tristesse, elle m'a procuré un certain réconfort, comme un baume délicat que l'on passe sur une plaie douloureuse. S'il y a une justice des hommes, il y a aussi une justice de Dieu, et celle-là seule est la justice véritable. Les hommes sont trop imparfaits pour prétendre rendre une justice digne de ce nom. Grâce à votre talent et à votre expérience, M. Lancaster a pu se soustraire à la chaise électrique. Vous avez su convaincre les jurés de l'innocence de cet homme en dépit de preuves évidentes de sa culpabilité et fait admettre à tous l'idée que mon fils s'était suicidé. Ce 17 août 1932 reste, vous vous en doutez, un jour de nuit dans ma mémoire. En réalité, je crains que vous n'ayez obtenu qu'un bref sursis à votre client, et je crois que la justice divine vient de le rattraper quelque part dans le désert, presque un an, jour pour jour, après la mort de mon fils. Je n'éprouve aucune haine contre vous car moi-même j'ai douté au tout début de la culpabilité de M. Lancaster, lorsque, au lendemain de l'assassinat de Harold, il m'a juré être innocent et n'avoir jamais tiré le coup de feu mortel. Il y avait dans son regard à ce moment-là un accent de sincérité qui m'a émue. J'ai cru en ses paroles, et j'ai même tenté, dans un geste odieux que je regrette, de le réconforter en le serrant dans mes bras. J'ai pris dans mes bras le meurtrier de mon fils, celui qui a pris ce que j'avais de plus cher… Et puis il y a eu le procès et brusquement la vérité est apparue, non pas celle à laquelle vous croyez ou avez feint de croire, mais la vérité d'un crime commis par un homme plein de haine. Lancaster a avoué avoir écrit de sa main la lettre retrouvée à côté de Harold, dans laquelle il exposait les raisons de son suicide, et cela vaut à mes yeux toutes les preuves du monde ; tout le reste ne vise qu'à tenter de masquer la réalité d'un meurtre ignoble. De ce jour, je n'ai cessé de voir dans ses paroles doucereuses l'odieuse comédie d'un lâche voulant échapper à la juste sentence.

Aujourd'hui sa disparition est comme un signe du destin que vous ne pouvez ignorer. Elle répare l'injustice faite à mon fils. Elle résonne comme un aveu. L'aveu tardif d'un crime qui a brisé ma vie ; la preuve ultime de la culpabilité de cet homme. S'il n'a pas été victime d'un accident, c'est qu'il a peut-être choisi d'en finir pour soulager sa conscience, ne pouvant davantage supporter le poids de son crime resté impuni.

Vous pensiez être parvenu à sauver Bill Lancaster, mais malgré tout votre talent, vous ne pouvez rien face à la sanction divine.

On ne peut célébrer la mort d'un homme, mais je crois qu'en ces jours de fêtes pascales, il faut bien admettre que justice a été rendue.

MME FRASER.

JOURNAL DE CHUBBIE MILLER

14/4/33.

J'ai appelé le ministère toute la journée. Les Français continuent les recherches, mais aucune trace de Bill.

Des journalistes ont appelé. Pas voulu leur parler.

TROISIÈME JOUR

Entends, entends le vent qui souffle,
C'est le désert qui pleure au souvenir du passé.

Chant nomade.

Samedi 15 avril (troisième jour).

Ai beaucoup dormi cette nuit, étais épuisé et ne pouvais rester éveillé. Je dois maintenant économiser chaque parcelle d'énergie qu'il me reste pour tenir encore trois ou quatre jours, dans l'espoir d'être secouru. Si les avions se mettent à ma recherche aujourd'hui, j'ai bon espoir d'être sauvé. L'eau me tiendra encore trois ou quatre jours – à moins que je ne devienne fou et ne boive tout d'un coup. Vous savez, mes blessures ne facilitent pas les choses, j'ai perdu beaucoup de sang et elles me font affreusement souffrir pendant la journée quand le soleil est au plus haut. Attention, je ne me plains pas exagérément de mon malheur. Après tout je suis parti de mon plein gré, ce sont les risques du métier et je dois jouer le jeu jusqu'au bout.

Chubbie, j'espère que tu as réussi à susciter suffisamment d'intérêt pour que des gens se mettent à ma recherche. Et je pense que vous, mère chérie, avez insisté auprès de personnes pouvant faire pression sur le gouvernement français.

J'ai rencontré à Oran un pilote français qui va certainement tenter une sortie pour me chercher. S'il y a plusieurs appareils basés à Reggane, c'est de là-bas que viendront les secours, car je ne suis qu'à 150 miles de ce lieu.

Les heures qui s'écoulent entre 11 heures et 16 h 30 sont épouvantables. La chaleur est assommante. Je garderai des séquelles de cet accident, c'est inévitable, même si je suis sauvé. Mais je m'en moque, tout ce que je demande c'est de l'eau. C'est la seule chose que je désire, sans cesse. DE L'EAU.

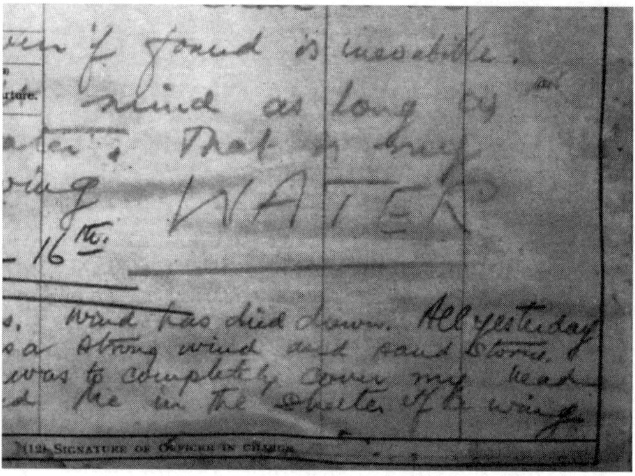

Lorsqu'il est soumis à une restriction hydrique, l'organisme, pour rétablir son équilibre en eau, stimule la soif et la sécrétion de l'hormone antidiurétique qui diminue la production d'urine.

A 2 % de déshydratation, le sujet ressent une sensation de malaise général, avec soif et inappétence. La peau devient sèche (apparition du pli cutané en pinçant la peau entre deux doigts), ainsi que les muqueuses (sécheresse de la langue). Des cernes se forment sous les yeux, on note une hypotonie des globes oculaires et parfois une légère dysphagie (difficulté à avaler). Le volume du sang dans l'organisme diminue, ce qui fait baisser la pression artérielle. La fréquence cardiaque s'accélère.

En cas d'hémorragie, la baisse de la pression artérielle se trouve accentuée, ce qui a pour conséquence de stimuler davantage la sécrétion de l'hormone antidiurétique et d'augmenter encore la sensation de soif.

(Encyclopédie de physiologie humaine.)

Miami, le 15 avril 1933.

Madame Fraser,

J'ai appris avant-hier la disparition tragique de Bill Lancaster au Sahara. Cette nouvelle m'attriste au plus haut point, car je vois en elle l'acharnement du sort sur un homme dont les qualités morales et la pureté des sentiments m'avaient grandement impressionné. Ce drame, madame, ne m'amène pas à douter de l'innocence de Lancaster, mais plutôt à douter de l'existence de Dieu. J'ai en tête ces questions qui ne trouvent pas de réponse et sont autant de poignards plantés dans mes certitudes : pourquoi le ciel s'acharne-t-il sur un innocent ? Pourquoi un homme trahi par la femme qu'il aimait doit-il à présent trouver la mort dans le vol qui devait le faire renaître ? Cette disparition est d'autant plus odieuse et injuste qu'elle va conforter bien des gens comme vous dans la conviction de la culpabilité de Lancaster. Je respecte votre douleur, madame, mais si je prie aujourd'hui, c'est pour que l'on retrouve cet homme, et s'il devait mourir, que l'on retrouve une lettre, quelque chose écrit de sa main qui serait la preuve irréfutable devant l'éternité de son innocence dans cette sombre affaire. Chaque minute qui passe fait grandir davantage une injustice, car je sais que ce silence porte en lui le soupçon et condamne un peu plus cet homme. Dans ce nouveau procès qu'on va inévitablement lui intenter à Miami et en Angleterre se brisera peut-être définitivement l'honneur d'un homme frappé déjà par des malheurs successifs. Et je pense à ceux qui l'aiment, qui vont peut-être devoir vivre à présent avec le fantôme d'un meurtrier. Je compte sur l'efficacité des militaires français pour retrouver la trace de cet homme et éviter une telle épreuve à ses proches. Il reste un espoir et dans cet espoir réside la chance ultime de faire triompher définitivement la vérité sur la mort de votre fils et de couper court aux rumeurs infondées.

Madame, je respecte infiniment votre douleur, mais comprenez qu'il ne peut y avoir, à mes yeux, de réparation dans la mort et le déshonneur d'un homme que je sais innocent.

M. HUDSON
(avocat de Lancaster).

Green Café, *Miami, 12 h 13.*

J'étais de garde quand ça s'est passé l'an dernier et pendant des mois, tu sais, j'ai maudit le gars qu'avait fait le planning, parce que si j'avais pas travaillé ce soir-là, j'aurais pas eu tous ces problèmes. C'était comme un engrenage : d'abord un appel, un type qui téléphone de Coral Gables, il nous dit de venir vite parce qu'un homme est en train d'agoniser. On arrive, on trouve un type baignant dans son sang, au premier étage d'une maison, allongé sur son lit, la tête tournée contre le mur, un pistolet posé sur le matelas à côté de lui. Il respire encore. Un autre type est avec nous dans la chambre, c'est Lancaster, mais je ne le connais pas encore, il semble très nerveux, il me demande si le blessé pourra reparler, je lui dis que j'en doute, il a l'air effondré d'entendre ça, il me redemande plusieurs fois si le type pourra parler, je lui dis que non, je lui dis aussi de se calmer. Puis dans l'ambulance, la jeune femme me demande de ne pas parler de la lettre laissée par le type parce que ça ferait scandale si on la découvrait, mais moi je ne veux pas entrer dans leurs histoires. La jeune femme c'est Chubbie Miller, mais je ne la connais pas non plus. Quand le juge me demande ensuite, je raconte que j'ai entendu parler de cette lettre, je lui raconte que j'ai entendu Lancaster dire qu'il fallait la détruire mais qu'un de leurs amis a dit qu'il ne fallait pas le faire, qu'elle était importante. Je lui dis que j'ai trouvé ça bizarre. Je ne sais pas ce qu'il y a dans cette lettre, je le saurai plus tard en lisant la presse quand ils diront que le type avait écrit qu'il avait l'intention de se suicider.

Quand Lancaster avoue que c'est lui en fait qui a écrit cette lettre, je me dis comme tout le monde que c'est lui le meurtrier, c'est vrai, c'est normal, tout le monde pense ça à ce moment-là, ça semble logique, le type l'a trahi. Moi, si on séduit ma fiancée comme ça pendant que j'ai le dos tourné, peut-être que je ferais pareil. C'est normal, c'est normal que je pense qu'il est coupable à ce moment-là. En plus, j'apprends que Lancaster avait embauché le type pour qu'il raconte l'histoire de leur vol jusqu'en Australie et aussi leur histoire d'amour. C'est une trahison, c'est dégueulasse de faire ça. Quand ils disent que l'arme appartient à Lancaster et qu'il était présent dans la chambre quand le coup de feu est parti, ça n'a plus fait de doute dans ma tête, ça me conforte, je me dis que c'est Lancaster qui a tiré. Avant le procès, je dis comme ça, à un journaliste qui me pose des questions, que je comprends qu'on puisse tuer pour une trahison pareille, et le lendemain qu'est-ce qu'il fait ce type ? Il écrit en gros dans le journal que j'ai dit que Lancaster était l'assassin. Et là, ça commence pour moi les problèmes…

Heureusement qu'il y avait Hudson, sinon ça aurait été pire. Avec un autre avocat, Lancaster n'aurait pas sauvé sa peau, c'était la chaise électrique à coup sûr. Ça l'a aussi aidé que Chubbie Miller le défende jusqu'au bout, ça l'a aidé, heureusement. Et puis qu'Irving "Bing" Boyer, Clyde Pangbourne, Rex Gilmartin et Keith Bon* viennent à la barre, ça a fait bonne impression.

* Pilotes célèbres dans les années trente aux Etats-Unis.

Alors moi, quand j'ai témoigné aussi à la barre, j'étais impressionné, c'est normal après toutes ces célébrités, et puis je ne savais pas parler aussi bien qu'elles, mais je n'ai rien dit de mal contre Lancaster, j'ai juste dit ce que j'avais vu, on ne peut rien me reprocher, mais ça l'a mis mal à l'aise, Lancaster, que je dise qu'il avait voulu faire disparaître la lettre. C'est pas de ma faute, c'est la réalité, c'est ça que j'ai dit, c'est rien d'autre. Ils ont dit que j'avais apporté un témoignage à charge, mais c'est pas vrai, c'est pas vrai de dire ça ! A cause de toutes ces histoires, j'ai pas pu dormir pendant plusieurs jours. Ils ont dit que je l'avais enfoncé alors que moi, au fond, j'étais persuadé maintenant qu'il était innocent, ce type. Je me suis retrouvé au milieu de tout ça. Ça a été dur. Je te souhaite pas de connaître ça. J'ai cru que j'allais craquer. Et tout ça à cause du planning...

Heureusement qu'il y avait Hudson, je le remercierai jamais assez ce type. Il a sauvé Lancaster, mais il m'a sauvé moi aussi, parce que si les jurés avaient envoyé Lancaster à la chaise électrique, on aurait dit que c'était à cause de moi. J'aurais peut-être dû partir d'ici. Déjà qu'on m'a insulté une fois dans la rue, devant mes enfants, pour ce que j'avais dit. Ça n'aurait pas été possible de supporter ça plus longtemps. Sans un avocat comme Hudson, les jurés n'auraient pas cru à l'innocence de Lancaster. Ils n'auraient pas cru qu'il avait pu écrire la lettre seulement pour Chubbie, parce qu'il avait peur qu'elle pense qu'il était l'auteur du coup de feu mortel. Ils n'auraient jamais admis ça. Et ils n'auraient jamais admis que le type s'était suicidé parce qu'il sentait que Lancaster allait reconquérir Chubbie, maintenant qu'il était revenu. Non c'est sûr, c'était la chaise électrique.

Peut-être aussi que les jurés ont ressenti que Lancaster disait la vérité.

Entre Bill Lancaster et Chubbie Miller, il y avait de l'amour, quelque chose de très fort, ça se ressentait même durant le procès, je ne sais pas comment t'expliquer… Ça se ressentait.

Non, c'était quelqu'un de bien, Lancaster, mais il n'a pas eu de chance. Que de la malchance même. Un peu comme moi, mais en pire quand même. Oh oui, en bien pire.

Alors ça ferait de la peine qu'on ne le retrouve pas.

Reggane, le 15 avril 1933.

Ma douce,

Nous avons une jolie surprise ce matin. Le capitaine a trouvé devant l'entrée du bordj une petite gazelle venue du désert. Elle était allongée sur le sable et ne bougeait pas. Elle n'a pas essayé de fuir lorsqu'il s'est approché. Il l'a prise dans ses bras et l'a amenée dans la cour. Nous avons d'abord pensé qu'elle était blessée, mais après inspection nous n'avons trouvé aucune blessure. Nous lui avons donné du lait et quelques cigarettes. Elle ne les fume pas, mais elle les mange ! Elle adore ça. Tous nos précieux paquets y passeraient si on l'écoutait ! Je crois qu'elle va devenir notre mascotte ; à moins qu'elle ne décide de repartir vers le désert. Lors de notre dernière reconnaissance, j'ai oublié de te dire que nous avons tué trois addax. C'est un grand animal avec des bois magnifiques dressés sur la tête. Je ne sais pas comment un animal de cette taille parvient à survivre dans des endroits pareils. Il circule dans des zones où il n'a pas plu depuis des années. Il paraît même que certains addax n'ont jamais vu d'eau. Nous n'avons pas cette capacité hélas, et ici on voit très vite nos limites. Le désert est pour cela, crois-moi, une bonne leçon d'humilité. Il suffit que nos chameaux s'enfuient ou que nos machines tombent en panne pour que nous ne soyons plus rien. Le pauvre Anglais doit en faire le douloureux apprentissage à l'heure où j'écris ces lignes, s'il est bien sûr encore vivant. Je suis d'ailleurs persuadé que c'est le cas. Mailloux pense comme moi. S'il a subi une panne de moteur, il a pu sans doute planer et se poser dans le Tanezrouft car c'est une région toute plate, il n'y a pas de dunes. Par contre, il y a toujours un risque au moment de l'atterrissage. Le triste souvenir de Laperrine est toujours présent dans nos mémoires. Lorsque le terrain est mou, les roues peuvent se planter dans le sable et l'avion capoter, même au décollage d'ailleurs. Mailloux m'a raconté qu'il a vu une fois un avion se planter comme cela jusqu'aux moyeux, près du Djado, et terminer sur le nez. Le pilote avait voulu décoller trop vite pour s'extraire d'un sol pourri de *fech-fech*. Il avait beaucoup poussé sur le manche comme le font parfois les pilotes sur un sol dur. L'équipage a dû rentrer à Zinder à dos de chameau. Je ne sais pas si tu te rends compte mais du Djado à Zinder, cela fait une sacrée trotte ! L'Anglais, lui, n'aura pas de chameaux à sa disposition. Il va devoir attendre ou se débrouiller seul. On a appris hier soir qu'avant d'atterrir à Reggane il s'était posé à El Aoulef à cause du vent de sable et qu'il avait fait le plein là-bas. Lorsqu'il est arrivé ici, il avait déjà perdu beaucoup de temps et ses chances de battre le record étaient déjà très faibles. En plus, le directeur de la Compagnie générale transsaharienne, M. Lecerf (il est venu boire l'apéritif ce soir avec nous), nous a dit qu'avant cela il a été bloqué plusieurs heures sur l'aéroport de la Sénia, à Oran, par les autorités françaises car il n'avait pas souscrit d'assurance auprès de la Transsaharienne. Ils lui ont demandé de laisser une somme au cas où il se perdrait et qu'il faille lancer des véhicules pour le rechercher, mais l'Anglais n'avait pas d'argent ou quasiment rien sur lui. Finalement, ils l'ont laissé repartir à 5 heures du matin. Pour le record, c'était presque râpé, d'autant que le type avait déjà pris du retard à cause d'un vent de face au-dessus de la France qui l'avait obligé à se détourner sur Barcelone pour faire le plein de carburant. Voler sans visibilité à la boussole, même compensée, pour atteindre un point dans le désert, c'est évidemment très hasardeux. Le commandant Vuillemin, qui n'est pas le premier venu au Sahara, s'est retrouvé récemment à 300 kilomètres de sa destination finale en volant ainsi à la boussole. L'Anglais devait sans doute espérer atteindre le fleuve Niger, puis ensuite le suivre jusqu'à Gao. Pour l'instant en tout cas, aucune trace de lui. Et les recherches menées le long de la piste transsaharienne n'ont pour le moment rien donné.

18 heures.

Le vent s'est levé. Il tourbillonne dans la cour du bordj. Cela ne va pas faciliter les recherches. Et le sort du malheureux pilote ne va pas s'améliorer.

RENÉ.

JOURNAL DE CHUBBIE MILLER

15/4/33.

Un véhicule sur la piste ! Voilà ce que font les Français. A quoi peut bien servir d'envoyer un véhicule sur la piste ? Il ne faut pas compter sur eux.

Je dois le trouver par moi-même. Je dois y aller.

AGIR. AGIR. Je dois aller le chercher. Bill est solide. Il a suffisamment d'eau. Pourra tenir une ou deux semaines. Je compte là-dessus.

QUATRIÈME JOUR

J'ai connu les jours les plus beaux :
En moi coulait un sang généreux,
Et du ciel pleuvait l'abondance.

Chant nomade.

Dimanche 16 avril (quatrième jour).
6 h 10.

Le quatrième jour commence. Le vent s'est apaisé. Pendant tout l'après-midi d'hier, le vent a soufflé fort et il y a eu des tempêtes de sable. Je n'ai rien pu faire d'autre que me couvrir entièrement la tête avec ma chemise et rester allongé à l'abri de l'aile. Toutes les demi-heures, je buvais une gorgée d'eau. J'ai bu deux thermos entiers (c'est-à-dire deux pintes) au cours de la journée d'hier, et il a fallu que je lutte pour rester éloigné du réservoir. Il est maintenant à moitié rempli, il me restera donc de quoi tenir encore trois jours après aujourd'hui. C'est le maximum que je puisse faire, alors, mes chers avions, mettez-vous à ma recherche.

Hier soir, j'ai fait bouillir un peu d'eau dans la gaine extérieure du thermos et fait fondre du chocolat. C'était bon mais je l'ai avalé trop vite. Je me suis senti mal. J'en avais bu seulement les deux tiers, alors j'ai laissé refroidir le reste avant de le terminer – c'était vraiment bon et ça m'a tenu au corps.

J'ai subi un vrai supplice de Tantale hier soir. Il a commencé à PLEUVOIR. Oui, véridique. Des gouttes froides comme de la glace. Hélas, ça n'a duré que quelques instants et je n'ai même pas pu en recueillir une cuillère à café.

Je voudrais revenir encore une fois sur cet accident car les choses à présent sont plus claires dans mon esprit. Voici le rapport technique :

J'ai quitté Reggane à 18 h 30, me sentant bien pour voler jusqu'à Gao. J'avais l'intention de suivre la piste. C'est ce que j'ai fait jusqu'à ce que la nuit tombe. C'était une nuit noire, je ne pouvais rien distinguer au sol. Je volais à 1 000 pieds. Après 1 heure 40 de vol, le moteur a commencé à avoir des ratés. Mon réservoir était encore quasiment plein, alors j'ai essayé de donner un peu de puissance. Il n'y a eu aucun problème pendant cinq minutes, puis il a toussé de nouveau et a eu des ratés. J'ai commencé à perdre de l'altitude. Je suis descendu petit à petit. Il était impossible de maintenir mon altitude. J'ai heurté le sol avant même de m'en rendre compte, j'ai alors rebondi sur cinquante mètres, touché le sol à nouveau et l'appareil s'est retourné. C'était tout ce dont je pouvais alors me souvenir. J'étais vraiment mal en point, de vilaines coupures au front, etc., coincé dans le cockpit, la tête en bas. Avec l'énergie du désespoir, j'ai creusé et me suis extirpé comme j'ai pu.

Je sais maintenant que je me suis écarté sur la droite du trajet normal, ce qui me rend anxieux, car personne ne pensera jamais qu'un tel écart ait pu se faire si tôt dans ma course. Mais je ne peux que tenter de tenir le coup jusqu'au bout. Dès que le soleil commence à taper, les journées sont atroces. Je m'allonge sur le dos, pendant ce qui me semble être des années, à l'abri de l'appareil, l'esprit hanté par les pensées les plus folles. Les choses sans aucun doute ne seraient pas aussi dures si je n'avais pas été blessé. Si jamais je m'en sors, je boirai de l'eau à chaque repas. Je ne fumerai plus. Les cigarettes ne me manquent absolument pas !

Comme je l'ai déjà dit, les idées sont bien claires ce matin dans ma tête. Mon corps, en revanche, est faible, tellement faible. Je ressens des frissons qui me parcourent l'estomac et les côtes.

Chubbie mon amour, mère ma meilleure amie et père mon camarade, n'ayez pas de peine, je suis le seul responsable de tout ça. Quelle espèce d'imbécile têtu je suis.

La vie en fin de compte n'est qu'un bref moment dans le cours des choses. Dans le temps qui m'a été donné, j'aurais aimé être meilleur, c'est tout.

Il y a toujours de l'espoir mais je veux que mon dernier message soit bien clair. Il vous faudra mettre de l'ordre dans ce cahier de brouillon et donner tout leur sens aux mots.

C'est tout probablement jusqu'à demain. Que Dieu soit avec vous tous.

BILL LANCASTER.

6 h 30.

Le soleil commence à taper fort, alors j'arrête.

Télégramme de la Compagnie transsaharienne envoyé à Reggane le 16/4, 9 h 45 :

AVONS ATTEINT GAO – STOP – AUCUNE TRACE DU PILOTE DISPARU – STOP – REMONTONS DEMAIN EN DIRECTION DE REGGANE

Air Union Ltd.
Coventry, England

Coventry, le 16 avril 1933.

Madame Miller,

J'ai bien reçu votre télégramme. Hélas, il m'est impossible de répondre favorablement à votre demande. Tous nos appareils sont actuellement sortis pour de longues périodes. Quant au Farman stationné dans mon hangar depuis deux semaines, et auquel vous faites référence, il est inutilisable pour cause de rupture du gouvernail de profondeur (et je n'ai toujours pas reçu la pièce de rechange demandée au constructeur). Il faudra patienter au moins trois semaines avant de le voir revoler. Je ne peux donc le mettre à votre disposition pour tenter de retrouver votre ami disparu dans le désert.

Je regrette de ne pouvoir vous venir en aide et vous prie de recevoir, madame, l'expression de ma considération.

M. HERBERT.

Reggane, le 16 avril 1933.

Ma douce,

C'est bizarre, j'ai rêvé cette nuit du pilote. J'ai rêvé qu'il attendait les secours. Je le voyais debout, sur une étendue immense, en train de faire de grands gestes. Dans mon rêve, la gazelle était venue nous alerter. Je me suis levé. Je suis allé dans la cour. Tout le monde dormait. Il faisait encore nuit. J'ai senti quelques gouttes de pluie sur ma peau. De grosses gouttes, très froides. C'était étrange comme sensation. Il n'a pas plu ici depuis six ans. C'était étrange. J'ai cherché la gazelle. Elle était allongée tranquillement sur le sable près de la grande porte close du bordj. Je l'ai caressée puis je suis allé dans la pièce où arrive la sans-fil. Prévost n'était pas encore là. J'ai lu un télégramme reçu hier soir qui annonçait que deux avions de Gao allaient survoler la piste. Tu parles ! S'ils ne font que survoler la piste, cela ne changera pas grand-chose. Puis je suis retourné dans ma chambre. Mais je n'ai pas réussi à m'endormir, alors j'ai pris sur mon étagère poussiéreuse un de mes livres désormais usés que tu m'as envoyés et j'ai commencé à lire. Mais je n'étais pas du tout à ce que je lisais. Je pensais au pilote. Je me disais que s'il était vivant, chaque minute, chaque heure qui passait devait avoir pour lui une importance considérable. Son destin se jouait dans ces minutes, dans ces heures qui nous semblaient anodines, ennuyeuses. Alors je suis allé prendre mon porte-cartes qui était accroché au mur près de mon bureau. J'ai déplié ma carte Nieger. Je l'ai longuement regardée, éclairée de ma lampe à acétylène. J'ai essayé d'imaginer où ce pilote avait bien pu tomber. J'ai échafaudé des hypothèses. J'ai imaginé des pannes, des erreurs d'appréciation. Au départ de Reggane, la piste part en direction de l'est avant ensuite de plonger droit vers le sud. Peut-être que Lancaster, à cause de l'obscurité, n'a pas vu l'infléchissement de la piste et a continué trop loin vers l'est, en direction du Tidikelt. Soit il a continué ainsi jusqu'à la panne d'essence. Soit il s'est rendu compte de son erreur au bout d'une heure ou deux de vol et a ensuite fait demi-tour mais a perdu de vue la piste et est venu se perdre quelque part dans le Tanezrouft. C'est possible mais ce n'est bien sûr qu'une hypothèse.

Si encore on avait une vague idée de la région où il a pu se poser, on pourrait y aller ou envoyer les pelotons d'Ouallene ou de Gao. Mais là, je ne vois pas comment nous pourrons le retrouver, d'autant qu'un aviateur égaré laisse peu de traces en comparaison d'une caravane. On ne peut espérer croiser ses pas sur le sable et remonter jusqu'à lui. De toute façon, il n'y a malheureusement quasiment aucune chance de le sauver. Les méharistes ont repéré les compagnons de Laperrine au bout de vingt-sept jours, et encore par miracle. Ils rentraient à leur base dans l'adrar des Iforas lorsqu'ils ont aperçu l'avion. D'ailleurs, de loin, ils ont cru que c'était un buisson et ont failli ne pas s'en approcher. Heureusement que les deux pauvres ont tiré trois coups de feu en l'air, ça c'est le SOS des sahariens. C'étaient d'ailleurs les trois dernières balles qui leur restaient et ils comptaient les utiliser pour se suicider le jour même. Tu vois un peu dans quel état d'esprit ils étaient... Je ne sais pas si Lancaster a une arme avec lui. Cela pourrait lui permettre avec un peu de chance de tuer un animal pour se nourrir ou bien de mettre un terme à sa propre agonie. Dans ces moments-là, j'imagine qu'on préfère pouvoir interrompre à tout moment ses souffrances. En tout cas, j'espère qu'il ne va pas s'éloigner de son appareil. J'ai appris par Prévost que dans le Ténéré, il y a deux ans, un équipage a réussi à rejoindre à pied Bilma après une panne d'essence. Mais ils n'étaient qu'à une vingtaine de kilomètres de la ville et ils sont malgré tout arrivés totalement épuisés. La plupart du temps, lorsqu'on part à pied, on ne s'en sort pas. Le Bœuf et Chatenay sont sans doute morts de soif comme ça. Quant à Réginensi, Touge et Lénier, ils ont bien failli y rester eux aussi.

(...)

Mme Chubbie Miller fait actuellement un effort dramatique pour venir en aide à son ami, le capitaine Bill Lancaster, qui a disparu depuis trois jours au milieu du Sahara, au cours d'un vol vers Le Cap. La nuit dernière, elle est entrée dans le bureau de l'éditeur du *Morning Express*. Nous montrant sur une carte d'Afrique le vol qu'elle espère mener, cette femme courageuse a expliqué son plan pour voler jusqu'au désert. Elle a déclaré : "Il semble n'y avoir personne, à part moi, pour retrouver Bill. Il est seul dans le désert et personne n'est là pour l'aider. J'ai très peu d'argent mais je vais dépenser jusqu'à mon dernier penny pour tenter de le retrouver. Si seulement je pouvais avoir un avion, je suis sûre que je pourrais le retrouver. Avant de partir, il m'a promis que quelles que soient les circonstances il ne quitterait jamais l'avion. Je me souviens de l'histoire de deux pilotes de la RAF qui avaient décidé de quitter leur avion dans le désert pour aller chercher les secours qui se trouvaient seulement à vingt miles de là. L'avion fut retrouvé rapidement mais il n'y avait aucune trace des aviateurs. Ils avaient erré… On les a retrouvés trop tard à trois miles de là. J'ai dit à Bill de prendre plein d'allumettes afin qu'il puisse faire un feu près de son avion et attendre les secours. La fumée pourra ainsi guider les secours durant le jour et le feu durant la nuit. Il y a des baies dans le désert qui pourraient l'aider à survivre. Il a huit litres d'eau et cela devrait lui permettre de tenir deux semaines. Je dois trouver Bill. Après tout ce que j'ai traversé, je m'étais promis de ne plus jamais apparaître dans un journal à nouveau, mais je me moque de toute cette publicité maintenant, pourvu que je puisse retrouver Bill. J'ai à peine mangé depuis trois jours. Les Français ne font rien, ils ont juste envoyé un véhicule. Mais à quoi sert un véhicule dans le désert ? Il y a seulement deux ou trois avions en Angleterre qui pourraient permettre de venir à son secours. Il faut absolument que j'en trouve un."

(*Morning Express*, 16 avril 1933.)

10 h 15. Le même jour.

Le soleil monte dans le ciel mais il y a toujours un vent léger qui vient me soulager. Je bois une petite gorgée d'eau par intervalles d'une demi-heure. Je ne peux pas m'empêcher de penser que je suis proche d'un point d'eau, parce qu'un oiseau ressemblant à un moineau vient de me survoler. Il venait de l'est. Si je n'avais rien promis à Chubbie, je quitterais l'appareil ce soir et marcherais dans cette direction. Mais je dois respecter ma promesse parce que je sais qu'elle tentera quelque chose de son côté. Rejoins-moi, Chubbie, mais sois prudente sur le trajet ; crois-moi, plus jamais je ne survolerai un désert. Je pense pouvoir tenir encore deux ou trois jours. Après, ce sera quelques heures – la folie – et la mort enfin. Je prie pour que les choses se passent rapidement s'il doit en être ainsi.

Je vais attendre que le soleil se couche. Mère, vous ne pouvez pas imaginer une chaleur pareille. Ah, si je pouvais me précipiter dans votre cuisine et ouvrir le robinet au-dessus de ma tête, sentir l'eau fraîche couler dans ma bouche et dégouliner sur tout mon corps – ce serait vraiment le paradis.

J. Thoms & G. Borchand Ltd.
London, England

Londres, le 16 avril 1933.

Jeff,

Cette chère Chubbie Miller m'a rendu visite hier à l'usine. Je ne l'avais pas revue depuis trois ans et elle a débarqué comme cela, sans prévenir. Elle m'est tombée dessus à la sortie de la réunion avec McGuaig et Slessor.

Nous étions en train de discuter tranquillement dans le couloir des modalités de livraison de la commande de septembre (ils pensent que nous devrions plutôt exiger une livraison des pièces au 30 mai pour les mâts de renfort des trains d'atterrissage et les câbles raidisseurs de voilure) lorsque je l'ai vue débarquer le visage marqué, les traits tirés. Elle s'est postée devant nous, visiblement très impatiente, nous obligeant à interrompre notre conversation. Puis elle a commencé ses demandes, avec une insistance tout à fait déplacée en la circonstance.

Je lui ai dit de se calmer, que nous allions discuter de tout cela. J'ai raccompagné McGuaig et Slessor qui heureusement la connaissent de réputation et n'ont pas été surpris par son attitude. Mais tout de même, quel manque de tact et quel culot !

Avec elle, nous ne sommes sans doute pas au bout de nos surprises car devine... Elle s'est mis en tête de partir à la recherche de Lancaster et veut au plus vite un avion ! Rien que ça ! Bien sûr, elle compte absolument sur nous et évidemment nous sommes "les seuls qui pouvons encore l'aider". Je lui ai fait comprendre que ce n'était pas le même contexte que la dernière fois, qu'il y avait eu entre-temps cette sinistre histoire, le procès, tous ces articles, etc. Evidemment, pour elle, Lancaster est innocent car il a été acquitté et il faut lui venir en aide. "Cela nous honorerait" (c'est son expression !) de nous associer aux opérations de recherche et nous aurions une splendide publicité si elle parvenait à le retrouver... La pauvre a vraiment perdu la tête. Je ne vois pas ce qui nous "honorerait" à tenter de retrouver ce type dont plus personne ne veut entendre parler. C'est un pilote médiocre, tout le monde le sait, et peut-être un meurtrier. En tout cas, je ne tiens pas particulièrement à voir mon nom figurer à côté du sien dans l'un de ces journaux à scandale auquel Lancaster semble désormais abonné, et toi non plus je suppose. Est-il au moins vivant ? On n'en sait rien. Pour elle, bien entendu, cela ne fait aucun doute. Elle en est "intimement persuadée" et pense même pouvoir le retrouver toute seule en deux semaines... Tout cela, tu vois, est bien pathétique. J'ai d'ailleurs même eu droit à quelques sanglots de sa part !

Concernant Grenville, les choses ne s'arrangent pas et j'envisage sérieusement de me passer de ses services. Ses manières me déplaisent et il est incapable de se faire respecter des ouvriers. La semaine dernière, il a laissé sortir de l'atelier un avion dont le capotage avant n'était même pas fixé ! Donne-moi rapidement ton avis là-dessus avant que je prenne ma décision.

Affectueusement,

GRAEME BORCHAND.

(...)

Reggane.
16 heures.

La chaleur a encore grimpé. Nous allons dépasser aujourd'hui les 45 °C à l'ombre. Dans le Tanezrouft, il doit faire près de 50 °C. Plus que la chaleur, c'est surtout la sécheresse atmosphérique qui nous fait souffrir. Elle nous déshydrate incroyablement. Je peux te dire que mes lèvres, qui étaient déjà crevassées après notre excursion, ne vont pas s'arranger. Je ne pense qu'à boire. Le moindre effort physique me paraît impossible, s'il ne s'accompagne pas d'une grande gorgée. Je suis resté allongé dans ma chambre une bonne partie de la journée. J'essaye de me reposer. Régulièrement je m'asperge avec une grande bassine dans la cour. On comprend mieux dans ce genre de situation pourquoi certains meurent à quelques mètres d'un puits parce que le dernier sursaut d'énergie pour l'atteindre leur a manqué. On est torturé par une sensation de soif diffuse. Ici, durant les fortes chaleurs, en juillet, les nouveaux venus ingurgitent douze litres de liquide par jour ; certains vont même jusqu'à seize. Sitôt sortie du puits, l'eau tiède devient brûlante. On essaye de la rafraîchir en balançant au bout d'une ficelle des bouteilles couvertes de chiffons mouillés. Il n'y a que dans les guerbas, faites à l'aide de peaux de chèvre, que l'eau reste à peu près fraîche. Par contre, elle a un goût de boue et de goudron qui ne te plairait pas ; mais bon, avec le temps, on s'y habitue. Durant ce type de journée, on essaye de tuer le temps, mais il est plutôt du genre coriace. La gazelle est toujours là. Le soleil ne semble pas la déranger.

Il n'y a rien à faire à part la sieste. Je m'occupe en nourrissant la gazelle.

(…)

Environ 1 litre d'eau est perdu chaque jour sans que le sujet s'en rende compte. Il s'agit de la perte insensible d'eau par les poumons et l'évaporation à la surface de la peau.

La perte sensible d'eau à la surface de la peau se fait sous forme de sueur. A la température ambiante de 20 °C, la perte de sueur est d'environ 100 millilitres par jour. Mais elle peut atteindre jusqu'à 4 litres par temps très chaud.

A 4 % de déshydratation, il y a une accentuation des signes de malaise général auxquels s'ajoutent des troubles fonctionnels pouvant être notamment de type nausées, vomissements, céphalées et altérations psychomotrices.

(Encyclopédie de physiologie humaine.)

J. Thoms & G. Borchand Ltd.
London, England

Londres, le 16 avril.

Très chère Chubbie,

Votre visite hier à l'usine m'a tout à la fois réjoui et plongé dans une certaine mélancolie. En vous revoyant, j'ai d'abord repensé à votre formidable exploit de 1927 et à la chance extraordinaire que nous avons eue d'être associés à un tel record. L'audace d'un tel vol restera à jamais gravée dans toutes les mémoires et les succès qui l'ont suivi n'ont fait que confirmer ce que nous savions déjà, à savoir que le talent, la volonté, la beauté et l'esprit d'initiative sont le secret des grandes réussites et des destins exceptionnels... Mes ouvriers tirent aujourd'hui encore une immense fierté d'avoir ainsi contribué, chacun à leur niveau, à écrire l'une des plus belles pages de l'histoire de l'aviation. D'ailleurs, je me fais fort de rappeler à chaque nouvel arrivant que nous avons mis nos compétences, il y a six ans, au service de Chubbie Miller et Bill Lancaster, ce qui a pour effet de les motiver aussi sûrement que l'attrait d'un bon salaire. Je reste persuadé que cet esprit de pionnier, que vous avez si magnifiquement incarné, permettra à notre aviation de porter haut les couleurs nationales et je me fais un devoir de tenter de conduire ma société suivant ces principes, en dépit des difficultés que cela implique dans la gestion des affaires courantes et du sens de l'abnégation que cela exige de ma part en de trop nombreuses occasions.

C'est pourquoi votre demande me cause aujourd'hui un profond embarras, dans la mesure où, s'agissant d'un vol strictement privé, n'ayant pour autre ambition que de retrouver votre compagnon, cette demande risque de détourner les moyens limités dont je dispose de l'effort vital qu'exige de nous l'essor rapide de l'aviation, effort indispensable dans la mesure où le taux de change ne nous est pas favorable depuis l'abandon de l'étalon-or par les autorités américaines. Quant aux aides sectorielles sélectives, elles montrent déjà leurs limites, et je suis de ceux qui pensent que quelques mesures protectionnistes supplémentaires, décidées à la hâte, ne suffiront pas à améliorer notre situation. Nous devons agir vigoureusement, collectivement, comme l'a rappelé à Bradford le premier ministre, afin de moderniser rapidement l'appareil économique de notre pays, si nous voulons espérer conserver le rang qui nous revient et affirmer encore notre foi dans le progrès technique. C'est un combat incessant, de chaque heure, de chaque minute, que je m'efforce de mener à mon niveau de façon irréprochable.

Aussi est-il à craindre qu'apporter mon aide à votre projet m'exposerait à quelques critiques acerbes de la part des gens des ministères et vous n'ignorez pas, pour les avoir affrontés, que ces bureaucrates, s'ils n'entendent rien à notre passion commune pour l'aviation, ne sont en revanche jamais à court d'arguments lorsqu'il s'agit de nuire à la réputation d'une société, fût-elle exemplaire comme la mienne.

J'ai conscience que ma lettre risque de vous décevoir. Elle ne répond sans doute pas aux espoirs que vous aviez pu fonder sur ma personne, mais je vous dois la plus grande sincérité au nom de l'amitié qui nous lie depuis tant d'années et que rien, j'en suis sûr, ne viendra altérer.

Aussi, je m'engage solennellement à intercéder en votre faveur auprès du conseiller pour l'aviation civile au ministère des Transports, M. Gillow, que je dois rencontrer la semaine prochaine à Londres. Je lui ferai valoir tous les arguments que vous m'avez exposés lors de notre rencontre, ce qui saura, je l'espère, le convaincre d'engager rapidement les moyens indispensables pour venir en aide à votre compagnon Bill Lancaster.

En attendant, je vous prie de croire, chère Chubbie, à mon fidèle soutien dans cette épreuve et de recevoir mes pensées les plus chaleureuses.

GRAEME BORCHAND.

JOURNAL DE CHUBBIE MILLER

16/4/33.

Tout ça est à cause de moi. Ce cauchemar : ma punition. Je n'ai pas le droit de l'abandonner et *[mot illisible].* Pas le droit de ne rien faire. Il n'a que moi. Plus que moi pour que ça cesse. Il faut lancer d'autres appels, voilà ce que je dois faire et pas perdre de temps.

Suis allée voir Borchand hier matin à son usine. Crois qu'il a compris que sauver une vie valait tous les records du monde. Va sûrement m'aider. J'ai confiance en lui.

Espérons. Prions.

Télégrammes à envoyer demain : Thompson, Whitley, Corgan.

Réponses des autres en attente. Demain peut-être. Sinon les appellerai.

Penser aussi à rappeler Hedges au *Star* et Moulder au *Daily Post.*

Aucun appel du ministère.

(...)

17 heures.

Il y a eu une réunion à Alger pour décider des recherches à mener pour retrouver le pilote anglais. C'est ce que nous a appris Mailloux grâce à la sans-fil. Ils ont décidé d'envoyer les véhicules de notre peloton motorisé explorer la bordure orientale de l'erg Chech et l'escadrille de Gao va de son côté survoler la piste transsaharienne. Ces types sont équipés de Potez 25 TOE, des biplans dotés de moteurs Lorraine de 450 chevaux qui ne tombent jamais en panne, paraît-il, et qui possèdent la TSF. Ils ont aussi deux limousines Potez 29 qui les accompagnent durant leurs missions lointaines. Ce sont des avions de transport qui permettent d'emmener plusieurs mécaniciens ainsi que du matériel de rechange, de l'huile de secours et même des bidons de 200 litres d'essence. Je ne sais pas s'ils vont les envoyer aussi pour mener les recherches. Nous verrons bien. En tout cas, le capitaine a reçu l'ordre de ne pas pénétrer dans l'erg avec les véhicules du peloton motorisé. Ce serait de toute manière presque impossible avec ces engins et terriblement dangereux. C'est l'un des ergs les plus arides du monde. Laperrine a failli y rester. Il faudrait y aller avec nos chameaux, mais cela demanderait du temps et ça ne serait pas une mince affaire.

21 h 30.

Deux avions de l'escadrille de Gao se sont posés ici ce soir. Nous sommes allés les accueillir. Ces camarades viennent de traverser le désert et ce n'est pas rien. Ils sont très fatigués. Il faut dire que le moteur de leur Potez fait un vacarme du tonnerre. Une heure après être descendus de leur avion, ils n'entendaient toujours pas ce que nous leur disions ! Nous étions obligés de crier pour nous faire comprendre d'eux, ce qui en d'autres circonstances nous aurait fait sans doute rire. Il paraît que certains pilotes deviennent totalement sourds lorsqu'ils font ainsi de trop longs trajets sur ces avions. En tout cas, rien qu'à les voir en descendant de leurs avions, nous avons compris qu'ils n'avaient pas repéré le pauvre Anglais. Ces camarades avaient le visage sombre. Ils se sentent solidaires, je crois, de cet homme parce qu'il a servi comme eux dans l'armée de l'air. A présent, il faudrait s'éloigner de la piste pour espérer le retrouver mais je crois que les autorités ne l'envisagent pas. Elles ne veulent pas qu'un tel risque soit pris. Et puis il n'est pas certain qu'on parviendrait à apercevoir l'avion de l'Anglais car il est très difficile, paraît-il, de repérer un appareil posé comme cela sur le sol. C'est pour cette raison, m'ont expliqué les pilotes, que les ailes des avions de leur escadrille sont peintes de larges bandes de peinture blanche. Cela peut faciliter les recherches en cas d'incident. L'avion de l'Anglais ne possède pas tout cela d'après ce qu'a dit Lecerf. De toute façon, rien ne dit qu'il s'est posé normalement. Il s'est peut-être retourné en touchant le sol.

Excuse-moi pour cette lettre décousue qui doit te sembler bien impersonnelle. Le mauvais rêve de cette nuit m'a perturbé et avec cette chaleur, j'ai du mal à garder les idées claires. Le sort de ce pilote vire chez moi à l'obsession, d'autant qu'aucune activité n'est venue aujourd'hui me distraire. Peut-être aussi qu'au fond de moi, j'ai du mal à admettre qu'il n'y ait rien de plus à faire pour le sauver que ce qui est tenté actuellement. Il faudrait sans doute lancer un peloton de méharistes à sa recherche, mais pour cela encore faudrait-il recevoir un ordre.

Je vais à présent essayer de penser à autre chose et dormir un peu.

Je t'embrasse bien fort.

RENÉ.

Birmingham, le 16 avril 1933.

Ma chère maman,

Cela me déchire le cœur d'apprendre que tu ne sors presque plus de ta chambre et que tu passes tes journées à pleurer. J'aimerais tellement être à la maison pour te consoler, te serrer très fort dans mes bras.

J'ai l'intention de venir vendredi prochain par le train de nuit. J'ai demandé un jour de congé à mon employeur. Etant donné les circonstances, il y a de fortes chances pour qu'il accepte et, dans ce cas, je ne retournerai à Birmingham que le lundi soir. Je vais passer ainsi trois jours complets à la maison avec toi et papa. Cela va nous faire du bien à tous. Est-ce que Kiki sera là aussi ? Ce serait bien qu'elle puisse nous rejoindre.

Maman chérie, ne t'inquiète pas, faisons confiance au destin. Jusqu'à présent, Bill a toujours eu de la chance. Il s'est toujours sorti des situations les plus désespérées. Alors pourquoi pas cette fois-ci ? Ton Billy a toujours eu une bonne étoile au-dessus de la tête, tu le sais bien. Rappelle-toi. Et puis c'est un sacré gaillard. Alors je t'en prie, ne t'inquiète pas trop.

Je m'en veux et je lui en veux énormément de te faire endurer tout cela. Tu ne mérites pas tous ces tourments. Maman, tu as toujours été si mal récompensée de ta patience et de ta merveilleuse bonté. Je te promets qu'à partir d'aujourd'hui tu n'auras plus jamais à te plaindre de tes fils, je t'en fais la promesse solennelle. J'en parlerai à Bill dès son retour, ce sera même la première chose que j'aurai à lui dire. Tout cela va changer. Il va cesser ses tentatives de record et trouver rapidement un bon travail. Je ne le laisserai plus jamais recommencer ses aventures trop risquées. L'aviation est de toute façon une activité bien trop coûteuse. Quant à moi, je vais m'accrocher à mon nouvel emploi. Je ne lâcherai pas ce travail, tu peux me croire.

Maman chérie, je ne supporte plus l'idée que, par notre faute, tu puisses te faire du mauvais sang. C'est parfaitement injuste de te faire souffrir.

Il paraît que papa a conservé tout son optimisme. C'est une bonne chose. Dis-lui que je connais un employé du ministère des Affaires étrangères à qui j'ai demandé d'intervenir afin que vous soyez mieux tenus informés des recherches en cours. Il m'a dit qu'il allait faire tout son possible et me tiendrait au courant. Ce serait tout de même mieux que d'avoir à écouter en permanence la radio. A ce propos, je suppose que vous avez entendu ce matin l'intervention de Mme Chubbie Miller. Tout cela est de sa faute et maintenant elle veut le sauver ! Cette garce ne manque décidément pas de toupet. Elle a failli envoyer Bill à la chaise électrique et maintenant joue les belles âmes. Je la déteste profondément et ne supporte plus de l'entendre encore. Elle ferait mieux de se taire et de partir très très loin. Elle m'a volé mon frère et lui a fait perdre la tête. Si Bill n'éprouvait pas encore quelques sentiments pour elle, il y a longtemps que je lui aurais donné, crois-moi, une bonne correction. C'est tout ce qu'elle mérite. Elle nous a fait trop de mal ; à toi surtout et à cette pauvre Kiki.

Maman chérie, je ne veux pas que tu désespères.

Je t'embrasse de tout mon cœur.

Embrasse aussi papa et Kiki.

JACK.

CINQUIÈME JOUR

L'âme brûlée de douleur, le cœur embrasé,
Je prie Dieu de me faire voir celle que j'aime
Pour que je ne meure pas ici de la douleur de son absence.

Chant touareg.

Lundi 17 avril (cinquième jour).
6 h 20.

Matin du cinquième jour. Me sens mal ce matin. Je ne devrais pas car, hier soir, juste après le coucher du soleil, j'ai vu une fusée éclairante au loin. J'ai immédiatement répondu avec ma dernière torche – je présume donc que je suis maintenant localisé. Je veux y croire. Ma réserve d'eau me tiendra aujourd'hui et demain. La journée d'hier fut un véritable enfer. S'il en va de même aujourd'hui, je boirai certainement encore plus. Je ne peux pas supporter les heures entre 10 h 30 et 16 heures.

Je pense qu'ils vont venir me chercher.

Reggane, le 17 avril 1933.

Ma douce,

Une caravane est arrivée hier. Des Touaregs avec une quarantaine de chameaux de bât. Ce n'est pas la première fois qu'une caravane arrive ici à Reggane, mais cette fois les choses sont un peu différentes. Par précaution, nous sommes allés leur demander s'ils n'avaient pas aperçu un avion ou des traces d'un pilote quelque part. Le chef, un certain Ibrahim agg Elkhurer, arborait un chèche splendide et avait fière allure, le litham remonté sur le nez. Hélas, ils n'ont rien vu. Ils viennent de la région de Tamanrasset et appartiennent à la tribu des Kel Rela. Derrière les pauvres maisons du village, ils ont fait baraquer les chameaux pour décharger le sel, les provisions qu'ils apportent, au milieu des blatèrements des bêtes, enfin soulagées après leur grande traversée. Des villageois sont venus nombreux les accueillir. Des petits négrillons tout excités couraient à côté des chameaux, dans une débauche de cris et de poussière. L'oasis avait des airs de fête.

Au retour, je suis passé au bordj Estienne. En fait, je n'y avais pas remis les pieds depuis mon arrivée ici. Il faut dire que nous sommes souvent en vadrouille dans les sables. L'hôtel a bien changé en seize mois. Certes, il y a toujours la mitrailleuse postée sur les remparts crénelés, mais à l'intérieur, j'ai failli ne rien reconnaître ! Près du puits, il y a désormais une citerne de 10 000 litres et tout autour, dans la cour, ils ont construit des ateliers de mécanique, de maçonnerie et plusieurs garages. Il y a aussi un magasin de pièces détachées Renault et une chambre des machines. Côté dépendances, en plus du poulailler, ils ont aménagé une bergerie et leur potager donne maintenant de belles betteraves, des salades, des fèves et même des tomates. A côté de cela, nos pauvres carrés de choux desséchés paraissent bien tristes ! Nous gagnerions à nous installer là-bas en cas de rezzou beraber, d'autant qu'il y a encore une énorme réserve de vivres derrière l'atelier de mécanique et, à ce qu'on m'a dit, quelques bonnes bouteilles de vin. La salle à manger de l'hôtel t'impressionnerait aussi. Les jours de grande affluence (qui ne sont toutefois pas nombreux, je te l'accorde), il y a là-dedans jusqu'à quarante personnes. Pendant le Rallye saharien, la salle était comble, paraît-il, et la cour l'était tout autant. Les chambres sont assez rudimentaires, mais cela suffit. Actuellement deux camions en panne sont posés sur des cales dans la cour en terre battue. Cotti, le mécanicien de la Transsaharienne avec qui j'ai discuté un peu, a commencé à les désosser. C'est un gars toujours torse nu et renfrogné, qui vous tend des poignées de main si fermes qu'elles sont désormais célèbres dans tout le Sud algérien (j'exagère à peine). J'ai vu sa chambre… Un vrai capharnaüm ! Ses chaussettes, ses caleçons, ses sarouals pleins de graisse traînaient par terre au milieu de paperasses en tous genres, brochures techniques, lettres et autres revues. Dans un coin, il avait entreposé des pignons de distribution, des soupapes en acier ainsi qu'un arbre de pompe à huile. J'ai aussi repéré toutes sortes de condensateurs et même des lames de ressort… Pendant le

Rallye saharien, tout le monde l'a mis à contribution et il ne s'est pas ménagé. En deux jours, paraît-il, il a révisé une vingtaine de véhicules. Les Bugatti, Citroën, Cottin-Desgouttes, Talbot, Delage, Renault, Ford étaient là, alignées dans la cour, avant d'affronter le Tanezrouft. C'est son plus beau souvenir du désert. A tous les visiteurs qui passent ici, il explique qu'il ne faut s'engager sur les pistes sahariennes qu'avec un moteur entièrement revu ayant déjà plusieurs milliers de kilomètres depuis le dernier réalésage ou ajustage. Il répète à qui veut l'entendre que "les récupérateurs de vapeur sont inutiles, qu'il faut monter des pistons d'une seule pièce à longue jupe, munie d'un segment racleur, que ces pistons doivent toujours être très libres dans les cylindres et que l'embiellage doit être monté assez lâche", bref des trucs de mécano rébarbatifs mais qu'il est préférable de connaître lorsqu'on s'élance pour six cents kilomètres de joyeusetés sahariennes. Il m'a emmené sur la terrasse du bordj pour y admirer le panomara. Figure-toi que je n'y étais jamais monté. De là-haut, on aperçoit le Tanezrouft qui emplit tout l'horizon au sud. Vraiment impressionnant. Terrifiant même. A l'ouest, on voit aussi les oasis de Zaouiat Reggane, de Timadanine, les ksour d'Aït-el-Messaoud, d'Anzaglouf et à l'est, l'oasis de Taourirt. Splendide !

Je t'embrasse.

RENÉ.

9 h 15.

Suis de nouveau en proie à la torture mentale. Je suis certain d'avoir vu cette lumière hier soir, et la personne qui l'a lancée doit avoir vu la mienne ; pourtant rien n'est venu confirmer qu'ils m'aient localisé. Aucun appareil dans le ciel, ou quoi que ce soit. Je regrette d'avoir bu un thermos supplémentaire hier soir. J'ai réduit mes chances d'une journée. Les choses semblent vraiment mal parties pour moi. Si je ne me suis pas trompé au sujet de cette lueur hier soir, j'aurais dû voir quelque chose ce matin.

Message du capitaine du peloton motorisé de Reggane au commandement militaire du territoire de Colomb-Béchar, le 17/4 à 9 h 30 :

RECHERCHES BORDURE DE L'ERG CHECH NÉGATIVES – STOP – AUCUNE TRACE AVION NI FEU DE DÉTRESSE – STOP – POURSUIVONS RECHERCHES PLUS A L'EST – STOP – ABORDONS ZONE ENTRE TOUAT ET TIDIKELT – STOP – VOUS TENONS INFORMÉS

Johnson & Co. Ltd.
Airframe manufacturer
Bradford, England

Bradford, le 17 avril 1933.

Madame,

La société que je préside ne m'appartient pas totalement. Comme vous le savez, je suis associé à M. Norrel depuis la création de notre entreprise, il y a neuf ans, et ne peux donc prendre d'importantes décisions sans l'en avertir. Pour le moment, il effectue un long voyage en Asie et je ne pourrai pas entrer en contact avec lui avant une, voire deux semaines. Il m'est donc impossible dans l'immédiat de mettre à votre disposition un de nos appareils pour ce vol que vous projetez d'organiser pour venir en aide à M. Lancaster. Je ne peux donc pas vous apporter de solution, comme vous l'espériez, et ne peux que vous convier à poursuivre vos démarches auprès d'autres industriels du secteur.

M. JOHNSON.

10 heures.

La chaleur va être épouvantable aujourd'hui. Mère et Chubbie, je pense à vous.

The Jameson Aeroplane Co. Ltd.
Nottingham, England

Nottingham, le 17 avril 1933.

Madame Miller,

Je ne souhaite en aucune manière prendre part à cette opération qui me semble vouée à l'échec et que je désapprouve totalement. Sachez enfin que ma fortune personnelle n'a pas vocation à financer les tourments amoureux de tel ou telle, ni à venir en aide à des personnes ayant eu maille à partir avec la justice et lancées dans des records absurdes qui ne servent qu'à redorer leur blason. Je préfère consacrer mon argent aux œuvres, ce que je fais depuis trente années avec foi et conviction.

LORD JAMESON.

10 h 20.

Pas un souffle de vent. Je suis résigné au pire, s'il doit en être ainsi. Je pense pouvoir tenir jusqu'à après-demain – guère au-delà. Oh, de l'eau, de l'eau !

Chubbie, mon amour, abandonne l'aviation ; fixe-toi et sois un vrai soutien pour ta mère dans ses vieux jours. J'aurais voulu vous donner davantage de réconfort, mère qui êtes la mienne. Malgré tout, pensez à la joie que j'ai pu vous apporter. Je garderai jusqu'au bout la foi et l'espoir d'être sauvé.

Dymont & Co.
London, England

Londres, le 17 avril 1933.

Madame Miller,

Je regrette infiniment de ne pouvoir vous venir en aide, comme vous le demandez dans la lettre que vous avez fait déposer à mon domicile. Il ne nous semble pas opportun d'engager actuellement un de nos avions dans un vol de ce type. Outre que cette aventure nous semble très risquée, elle ne correspond pas au type d'opérations de promotion que nous souhaitons actuellement mener pour mieux faire connaître notre société. En revanche, nous serions heureux d'étudier une éventuelle collaboration avec vous à l'occasion d'un futur raid ou d'une tentative de record sur un appareil monomoteur.

M. DYMONT.

"Nous ne souhaitons pas que quelqu'un qui ne connaisse pas les terribles conditions de vol au-dessus du Sahara s'envole pour tenter de retrouver notre fils. Ce serait une vaine tentative qui irait totalement à l'encontre de ce que nous voulons. Tout ce qui peut être fait est tenté actuellement.

Bien sûr, ma femme est très angoissée et elle pleure depuis deux jours. Moi, je ne m'inquiète pas du tout. Je ne m'inquiéterai pas pendant au moins encore une semaine. Je sais que mon fils est très résistant et nous avons bien compris lors des préparatifs de ce vol que ce serait un test d'endurance. Il est en merveilleuse condition physique. Et lorsqu'il a décollé, il a emporté avec lui suffisamment de nourriture pour tenir une semaine et assez d'eau pour tenir dix jours.

Je suis en contact permanent avec la Compagnie transsaharienne. Ils ont déjà envoyé une voiture et l'on m'a dit qu'un avion serait sur le point de se joindre aux recherches. Je suis convaincu qu'il a dû se poser au sud-est de Gao. Si mes estimations sont correctes, il a dû tenter de voler vers le Nigeria et a atterri là-bas. Quel que soit l'endroit où il se trouve, je suis sûr qu'il va bien."

(Déclarations de M. Lancaster au *Daily Express*, 17 avril 1933.)

J. L. Dyer Aeroplanes Ltd.
Bradford, England

Bradford, 17/4/33.

Madame,

Je suis au regret de vous informer que je ne peux donner de suite favorable à votre demande. La mise à disposition d'un de mes avions pour partir à la recherche de votre ami Bill Lancaster serait trop hasardeuse et entraînerait pour ma société un manque à gagner trop important pour que je puisse y consentir. Mes cinq avions volent chaque jour de la semaine et parviennent déjà à peine à répondre à la demande de nos clients. Par ailleurs, je me permets à titre personnel de vous dissuader d'entreprendre un tel périple au Sahara. Il y a de fortes chances pour qu'au bout du compte vous subissiez un sort identique à celui de votre compagnon, ce qui ne ferait que compliquer les recherches pour le retrouver. Il est préférable de vous en remettre aux autorités françaises qui connaissent bien cette région et font déjà, j'en suis sûr, tout leur possible pour retrouver votre ami.

Cordialement.

M. DYER.

A 6 % de déshydratation, les signes s'intensifient avec une asthénie intense et des troubles neuropsychiques : fourmillements des extrémités des membres, céphalées violentes, fonctions intellectuelles altérées. La perte d'eau par les neurones cérébraux est à l'origine des troubles neurologiques qui se produisent.

(Encyclopédie de physiologie humaine.)

Fin du cinquième jour – c'est-à-dire 18 h 45 ce cinquième jour. Le Southern Cross Minor ne ressemble plus à rien maintenant, j'ai dû arracher pas mal de toile pour préparer mes torches, si bien qu'il a l'air d'un pauvre canard estropié et tout déplumé.

Je suis résigné à mon sort, je sais que je ne serai pas secouru, à moins d'un miracle. Chubbie, souviens-toi que j'ai tenu ma promesse, je n'ai pas quitté l'appareil.

Ma très chère mère, mes pensées vous ont accompagnés, vous et mon père, tout au long de la journée. Vous avez tellement été adorables avec moi avant que je ne parte.

J'espère que ce ne sera pas trop difficile à supporter – je veux dire la fin. Aujourd'hui je suis resté allongé, à crever de soif – mais j'ai résisté et pense pouvoir survivre encore deux jours de plus. Me suis un peu affaibli, car bien sûr je n'ai absorbé aucune nourriture. J'ai uniquement soif. Je veux que ce carnet soit aussi sensé que possible ; et rappelez-vous que l'original, ou bien une copie conforme, est destiné à Chubbie.

Mère, parlez à mes petites Pat et Nina Ann, embrassez-les pour moi et expliquez-leur ce qu'il y a dans mon cœur. Parlez aussi à Kiki et dites-lui que maintenant elle peut vraiment m'oublier. Deviendrais-je trop sentimental ? Je le peux bien, une dernière fois, puisque c'est dans ma nature d'être sentimental.

Je me demande si le pilote va réapparaître et lancer d'autres fusées éclairantes. Faites qu'il en soit ainsi, je vous en prie. Il commence à faire nuit, j'écrirai certainement quelques lignes demain matin.

JOURNAL DE CHUBBIE MILLER

17/4/33.

Bloquée là. A cause de ces salauds. Personne pour m'aider. Partout des lâches. Borchand, Moulder, Johnson, Dyer et les autres…

Je n'abandonnerai pas.

Je vais trouver cet avion et trouver Bill. Je n'abandonnerai pas. NON, NON, NON, NON, NON !

Je leur montrerai à ces salauds. Et je n'oublierai pas ce qu'ils ont fait. Bill non plus n'oubliera pas. Nous leur dirons ce que nous pensons d'eux et nous continuerons à voler, et nous battrons d'autres records.

Même sa famille a baissé les bras… Ils ne comprennent rien. De toute façon, ils n'ont jamais rien compris. Ils me détestent. Mais je m'en fous.

Il n'y a que moi pour le sauver.

Plus que jamais déterminée.

SIXIÈME JOUR

La mort n'a rien qui doive troubler,
Celui à qui Dieu la destine la voit arriver.

Chant touareg.

Mardi 18 avril (sixième jour).
6 heures.

*Nuit la plus froide, j'ai sommeillé entre 3 et 5 heures ; me suis réveillé en tremblant, malgré tous mes vêtements. Décidément le corps humain peut supporter d'importants changements. Pendant la journée, je suffoque à cause de la chaleur et je souffre atrocement du manque d'*EAU*. La nuit, je tremble de froid et j'aurais bien besoin d'un coup de rhum.*

Je débute cette sixième journée avec une prière pour qu'il se passe quelque chose aujourd'hui. Il est quasiment impossible que je puisse encore être secouru.

A nouveau, mes pensées vont vers mes proches, vers ceux qui me sont chers. Je me sens très mal à l'idée que certains puissent être en train de souffrir mentalement. Chubbie, ma mère et mon père souffrent, j'en suis sûr.

Je pense que je suis plus éloigné de la piste que je ne l'imaginais au début. Peut-être qu'un pilote plus audacieux que les autres s'aventurera malgré tout jusqu'ici.

Oran, le 18 avril 1933.

Lucien,

Je te réponds brièvement car, tu le sais, mon programme est plus que chargé en ce moment (préparation du meeting du 26 avril et nombreuses modifications techniques à apporter à mon Caudron *Phalène*).

Voici donc les dernières infos de mon aéro-club. Le meeting organisé avec la Société de développement de l'aviation et le 2e groupe d'aviation d'Afrique a réuni, le 24 mars dernier, plus de 15 000 personnes. C'est bien sûr un succès qui va au-delà de nos espérances. Nos avions déchaînent les passions des Oranais (300 baptêmes de l'air le mois dernier !).

Concernant le pilote anglais disparu dans le désert. Nous n'avons pas de nouvelles. C'est un pilote expérimenté avec lequel j'ai assez longuement discuté lors de son escale à la Sénia. Il a de nombreux raids à son actif, ainsi qu'un record. Il m'a cependant semblé déjà très fatigué lors de son passage ici. Je préfère ne pas me mêler aux recherches qui sont menées en ce moment. Les militaires s'en chargent. Je ne compte pas non plus m'attaquer à son record Londres-Le Cap. Mon objectif reste la Coupe du président de la République sur le parcours Paris-Saigon.

Je dois pour cela équiper mon avion d'un moteur de 560 litres. J'envisage de tenter ce raid à la fin mai.

Lenoir et Faure participent dans quelques jours au Rallye algéro-marocain. Nous espérons faire aussi bien qu'à Fès l'été dernier (quatre places d'honneur à l'issue du concours).

Enfin, une bonne nouvelle est arrivée en provenance de la maison Blériot. Ils ont promis de nous offrir deux appareils, un Spad 32 et un Spad 42 (avec moteur rotatif de 80 chevaux) pour nous remercier de l'assistance apportée à l'organisation des tentatives de record !

Nous attendons aussi la livraison d'un Potez 43-AMJD, convoyé par Monier. Il sera, espérons-le, plus chanceux que Duprat qui a connu une panne de moteur et brisé une hélice entre Valence et Alicante en ramenant le mois dernier son Farman *Luciole*.

Bien à toi.

FÉLIX.

Message du capitaine du peloton motorisé de Reggane au commandement militaire du territoire de Colomb-Béchar, le 18/4 à 9 heures :

AUCUNE TRACE DU PILOTE DISPARU – STOP – CONTINUONS RECHERCHES DIRECTION E-S-E SUR 100 KM

*

La course aux records, les tentatives que les divers impérialismes soutiennent souvent et utilisent toujours deviennent de plus en plus dangereuses. De nombreux "as" de l'aviation sont disparus dans ces randonnées meurtrières. Aujourd'hui encore on est sans nouvelles de deux autres aviateurs. L'un, le capitaine Lancaster – qui fut mêlé à un retentissant procès à Miami, il y a quelques mois –, était parti de Lympne (Angleterre) mardi dernier pour battre le record Londres-Le Cap de Mme Mollison. Il s'était envolé de Reggane mercredi soir pour effectuer la traversée du Sahara. Depuis, on est sans nouvelles de lui. Le deuxième est un jeune avocat italien, Leonido Robiano, qui tentait le raid Angleterre-Australie et s'attaquait au record de l'aviateur Scott.

Il n'a plus donné signe de vie depuis son départ de Calcutta vendredi matin.

(*L'Humanité*, 18/4/1933.)

Brighton, le 18 avril 1933.

Stephen,

Chubbie est depuis plusieurs jours en quête d'un avion pour partir à la recherche de son ancien compagnon Bill Lancaster. Elle se démène incroyablement. Elle rencontre des patrons, d'anciens pilotes, elle écrit des lettres à des personnalités. Elle se déplace dans les sociétés aéronautiques, les aéroclubs, elle est même allée au ministère demander de l'aide. Je crois qu'elle n'a pas obtenu grand-chose. Les autorités britanniques se retranchent derrière les autorités françaises. Ça les arrange. Ils ne veulent pas trop se mouiller dans cette affaire. Le pauvre Bill Lancaster a hélas une réputation un peu trouble depuis son procès de Miami. Il n'a pourtant pas mérité cela…

Chubbie me fait de la peine, même si elle a été un peu garce dans cette affaire. Sans cette liaison avec son fameux Fraser, ils n'en seraient pas là tous les deux. C'est comme cela, elle a toujours fait perdre la tête aux hommes… Elle est si belle, si libre, si indépendante, si déroutante.

Ecris-moi dès que tu auras un peu de temps.

KATE.

Je me prépare à passer cinq heures infernales. Sans mes blessures, vous savez, je n'aurais pas tant souffert.

J'espère pouvoir écrire encore dans ce carnet demain matin.

Peut-être se passera-t-il quelque chose aujourd'hui.

BILL LANCASTER.

Reggane, le 18 avril 1933.

Ma douce,

Toujours pas de trace du pilote anglais. Pauvre type. Les camarades du peloton motorisé ont cherché sans succès le long de l'erg Chech et circulent à présent dans une zone immense entre le Touat et le Tidikelt pour tenter de retrouver le petit avion bleu. Comme je te l'ai dit, on pense que le pilote a peut-être raté le moment où la piste s'incline vers le sud et trop continué vers l'est. Je suis allé en discuter avec Mailloux. Il pense qu'on ne le retrouvera pas ou alors par hasard dans cinq ou dix ans…

(…)

RENÉ.

Sixième jour, 11 h 15.

Pas un souffle de vent. Beaucoup de mouches aujourd'hui. S'en prennent à ma pauvre tête blessée.

Peux encore tenir aujourd'hui, j'en suis sûr, mais ai des doutes pour la journée de demain. Il ne faudrait pas que mes blessures empirent. M'attends toujours à entendre le bruit d'un moteur. Cela sonnerait comme une douce musique à mes oreilles.

Mère chérie, je veux que vous récupériez ce cahier, c'est pourquoi je l'emballerai avant d'être trop faible pour le faire, avant mes derniers instants. J'écrirai mes derniers mots sur la couverture.

Cheltenham, le 18 avril 1933.

Monsieur,

Vous avez sollicité de ma part une appréciation sur les compétences de pilote de Bill Lancaster, actuellement porté disparu dans le désert. Je n'ai pas consulté son dossier militaire et je pense que cela n'est pas nécessaire car mes souvenirs suffisent à me faire une idée précise de ses aptitudes que je vous livre à présent.

Bill n'était pas un grand pilote. J'oserais même affirmer que c'était un pilote assez médiocre. En dépit de ses qualités de mécanicien et d'une certaine dextérité dans le maniement de l'appareil, il était trop étourdi pour voler avec régularité et sûreté. Bill Lancaster était un personnage excentrique, immature, et relativement marginalisé lorsque je l'ai côtoyé en Inde dans notre escadrille. Il nous faisait sourire et nous amusait par son comportement imprévisible, ses réactions à l'emporte-pièce, mais jamais nous ne l'avons considéré comme un pilote à part entière. C'était un marginal, un enfant sans doute un peu trop gâté qui n'avait aucune notion des réalités bien qu'il soit déjà marié et père d'un enfant à cette époque, ce qui d'ailleurs le plaçait un peu à l'écart du groupe car nous étions alors tous célibataires.

Nous savions aussi qu'il avait intégré la RAF à la faveur de la guerre et qu'il n'avait presque pas combattu, ce qui lui conférait peu de prestige et de crédit à nos yeux. Il avait, je crois, été blessé peu de temps après son intégration dans la RAF lors d'un accident dont j'ignore les circonstances précises, qui s'était déroulé près de la ligne de front, dans le nord de la France. En revanche, je sais avec certitude qu'une étourderie est à l'origine de son crash lors de son vol vers l'Australie, plus tard, avec Mme Chubbie Miller, en 1927. Je tiens cette confession d'un responsable de la Shell qui lui fournissait gratuitement le carburant durant cette tentative de record. Après son décollage de Muntok, sur l'île de Bangka, en Indonésie, Lancaster avait subi une panne de moteur. Il n'avait pas assez d'altitude pour faire demi-tour et il avait alors tenté de se poser dans une clairière. Son avion avait alors lourdement heurté le sol et, par miracle, lui et Mme Chubbie Miller s'en étaient sortis avec quelques blessures. L'avion en revanche a été très endommagé. En fait, Lancaster avait, paraît-il, tout simplement oublié d'ouvrir l'arrivée d'essence avant de décoller ! Ce crash leur a fait perdre plusieurs semaines et leur a coûté le record puisque Hinkler est parvenu ensuite à rallier l'Australie avant eux. Comme vous le savez, Bill Lancaster et Chubbie Miller ont dû se contenter du titre de "premiers pilotes à avoir atteint l'Australie en vol à deux".

A Peshawar, Lancaster était si peu intégré dans l'escadrille que les autorités militaires l'ont affecté en Angleterre au bout d'un an seulement, au lieu de quatre ou cinq habituellement. On l'a envoyé à Halton à l'école de formation technique où il a été cantonné à des tâches administratives, même s'il a quand même continué à voler de temps en temps. Cette mutation était une forme de désaveu. Parallèlement, il a essayé de monter un commerce de voitures à proximité de la base aérienne. Il espérait gagner ainsi de l'argent et se préparer une nouvelle activité professionnelle mais je crois que ça n'a pas tellement marché. En tout cas, il arrivait paraît-il chaque jour à la base aérienne au volant d'une nouvelle voiture, des modèles splendides et hors de prix, ce qui n'a pas tardé à lui faire une réputation de grand frimeur. De temps à autre, il arrivait aussi à cheval, ce qui exaspérait tout autant ses camarades.

Bill était un homme téméraire, un casse-cou. Lorsque la RAF a cherché en 1925 des volontaires pour effectuer des sauts en parachute, il s'est immédiatement proposé. Il a ainsi été un des premiers en Angleterre à s'élancer d'un avion avec cet équipement. D'ailleurs, lors d'un meeting à Hendon, il a fait une démonstration de saut en parachute devant des centaines de personnes sans en avertir ses supérieurs. Ceux-ci n'ont bien sûr pas tellement apprécié. Je me souviens aussi d'une anecdote qu'un mécanicien de Halton m'a racontée. Un jour, avec quelques camarades de la RAF, il s'est rendu au stade de Wembley pour assister à un grand rodéo qui rassemblait de nombreux cowboys venus spécialement des Etats-Unis. Ces types essayaient de tenir le plus longtemps possible sur d'énormes taureaux en furie. Le stade était bondé, paraît-il, pour assister à ce spectacle. A un moment donné, il y a eu une compétition ouverte au public avec à la clef une prime de 10 livres à gagner. Lancaster s'y est inscrit. Plusieurs gars ont été blessés avant lui, mais ça ne l'a pas dissuadé d'y participer et, aussi incroyable que cela puisse paraître, il a remporté la compétition ! A partir de ce moment-là, il a davantage été pris au sérieux par ses collègues à Halton. Une autre fois, il s'est amusé à se jeter du haut du plongeoir d'une piscine, enfermé à l'intérieur d'un sac. Il s'en est dégagé au fond de l'eau en découpant le sac à l'aide d'un couteau. Ce sont quelques anecdotes qui, je pense, permettent de cerner assez bien ce personnage un peu fantasque dont j'ai croisé la route. Je pense qu'en réalité cet homme manquait beaucoup de confiance en lui. Il aimait prendre des risques ou faire des choses exceptionnelles pour obtenir la reconnaissance de ses pairs, et notamment des pilotes de la RAF qui ne l'ont jamais véritablement accepté parmi eux. Je pense qu'il n'était pas fait pour effectuer une carrière dans l'armée. Il était trop "original" pour cela. Il a quitté, je crois, la RAF en 1925 ou 1926.

J'espère que ces informations vous aideront pour votre article. Je compte néanmoins sur vous pour ne pas salir la mémoire de cet homme porté aujourd'hui disparu et respecter la douleur de ses proches.

Cordialement.

MAJOR KENNET, RAF.

Message du capitaine du peloton motorisé de Reggane au commandement militaire du territoire de Colomb-Béchar, le 18/4 à 16 heures :

TOUJOURS AUCUNE TRACE DU PILOTE DISPARU – STOP – POURSUIVONS RECHERCHES VERS TIDIKELT – STOP – ATTENDONS INSTRUCTIONS

*

Mme Chubbie Miller, la pilote amie du capitaine William Lancaster, défend aujourd'hui le pilote disparu face aux critiques de Beni Oulif. Le capitaine Lancaster, qui voulait battre le record d'Amy Mollison jusqu'au Cap, a quitté Reggane il y a cinq jours et n'a pas été revu depuis. D'après ces critiques, bien qu'il tentât de voler jusqu'au Cap au compas, il n'avait aucune lumière à l'intérieur du cockpit, à l'exception de quelques allumettes. Il aurait mal décollé à Reggane, en faisant des zigzags, et serait parti en direction du sud au lieu de suivre un cap sud-est. Le capitaine Lancaster est arrivé épuisé et a insisté pour redécoller vers Gao alors qu'il était encore fatigué et que la lune n'était pas encore levée. Le geste de Lancaster a été décrit comme "proche de la folie" et on a indiqué que le coût des recherches pour le gouvernement français s'élevait à 6 000 livres. "Je ne peux pas comprendre cela, a déclaré Mme Chubbie Miller à un représentant du *Morning Express*. Connaissant le capitaine Lancaster, je ne crois pas un mot de tout cela. Tout ce que je peux penser, c'est que ce message a été mal compris lors de la transmission. Le capitaine Lancaster était l'un des meilleurs pilotes que je connaisse. Il était la prudence personnifiée. Son décollage de Reggane a été largement exagéré."

Reprenant les critiques une par une, Mme Miller a déclaré : "Le capitaine Lancaster avait une lampe de poche. J'en suis sûre. Elle était dans une petite poche à côté de son tableau de bord. De plus, avant de partir, il a acheté six recharges en cas de problèmes. Il volait sur l'avion de Kingford Smith qui était parfaitement équipé. J'ai volé avec le capitaine Lancaster durant des années et je ne l'ai jamais vu faire un mauvais décollage. La description faite dans la dépêche est celle de quelqu'un qui connaît peu de chose à l'aviation. Son organisation était excellente. Il jouait tout sur ce come-back et il a passé de longs mois à prévoir chaque détail. Personne ne peut qualifier ce vol de mal conçu et mal préparé, comme le fait ce rapport si je comprends bien. Le capitaine Lancaster n'était pas un idiot et n'a jamais pris de risques gratuitement."

(*Morning Express*, 18/4/33.)

JOURNAL DE CHUBBIE MILLER

18/4/33.

Ils l'ont abandonné et maintenant ils cherchent à salir sa mémoire. Mais je vais le défendre jusqu'au bout.

Je ne te laisserai pas tomber, Bill. Je vais me battre pour toi. Je ne vais pas cesser de me battre.

Pourvu que Donwood tienne parole. Si c'est le cas, j'aurai peut-être le Farman dès demain matin. Ce serait une chance. Pourvu qu'il ne change pas d'avis. Je lui fais confiance.

Je vais préparer mon équipement dès ce soir, au cas où.

Récupérer à la première heure demain un moteur radio, une boussole compensée et des fusées de détresse chez Butchard. Je n'aurai pas tout ce qu'il me faut mais tant pis. Je partirai quand même.

Kate a appelé cet après-midi. Attentionnée et compatissante, comme toujours. Elle ne se doute de rien. Il vaut mieux d'ailleurs qu'elle ne sache pas. Elle l'apprendra bien assez tôt. Et puis tout dépend de Donwood.

Je vais prier pour la journée qui vient.

SEPTIÈME JOUR

J'étais entre la vie et la mort, la mort était proche.
Et mon cœur disait : "Je n'aime qu'elle."

Chant touareg.

Mercredi 19 avril (septième jour).

Le dernier jour d'une semaine passée au milieu du Sahara, avec un avion brisé et un bidon d'eau.

Chubbie, j'ai fait ce que j'ai pu en restant près de l'appareil et j'ai tenu le coup toute une semaine. Bien sûr mes blessures m'ont beaucoup gêné.

Ma réserve d'eau sera épuisée aujourd'hui. Il n'est pas possible de la faire durer davantage. C'est donc maintenant une question d'heures et, mon Dieu, accordez-moi une fin rapide.

Puisque ce sont mes derniers mots, je veux encore m'adresser à tous ceux qui me sont chers. Tout ce que j'ai pu faire ici, couché sur le sol, c'est réfléchir et essayer de bien analyser chaque chose.

Chubbie, cesse de voler (cela ne te rapportera plus rien maintenant). Récupère l'argent qui reste. Rembourse à ma mère et à mon père ce qui leur est dû. Puis prends un billet pour l'Australie et rejoins ta chère mère. Apporte-lui ton soutien pour les quelques années qui lui restent à vivre. Souviens-toi que ton vieux Bill était un brave type. Dommage que cela s'achève ainsi pour moi ; pense à moi de temps en temps et écris ton livre – j'aime à penser qu'il me sera dédié.

Maintenant, mère chérie, que j'ai beaucoup trop négligée dans ma vie, j'aimerais que vous puissiez parler avec Chubbie et vous expliquer sur tout. Gardez à l'esprit qu'il faut pardonner à ses ennemis. Merci tellement pour la carte des Fleurs. Elle m'apporte un grand réconfort. Je ne rirai plus de ces vers. C'est très beau, mère. J'espère que père et vous serez toujours aussi proches l'un de l'autre. Faites part de mes pensées fraternelles à Jack quand vous lui écrirez.

Pour mon père : vous et moi n'avons besoin que d'une poignée de main. Nous nous comprenons.

Cet accident n'est pas de ma faute, cela fait partie des "règles du jeu". Pensez à moi quand vous boirez une bonne bière. Ce serait un vrai régal pour moi maintenant.

J'ai rédigé avant de partir un testament qui ne devra pas blesser qui que ce soit mais exaucer mes derniers souhaits. Je l'ai confié à Isaac pour Chubbie.

Le soleil se lève, bientôt je vais devoir ramper sous l'aile de l'avion et attendre. Je vais emballer ceci dans un bout de toile pour le protéger. J'espère qu'il vous parviendra à la maison en bon état. Souvenez-vous, il ne devra y avoir aucun secret au sujet de ce carnet. Il doit être lu à la fois par ma mère adorée et ma Chubbie adorée, ensemble ou chacune de leur côté. Ce brave Bill aimerait qu'elles le lisent ensemble, souvenez-vous, c'est sa dernière volonté.

Je vais maintenant le ficeler et ajouter un mot sur la couverture.

Au revoir et que Dieu vous accompagne.

BILL.

Mère et Chub. S'il y a un autre monde, s'il y a un au-delà (et je suis sûr qu'il existe quelque chose), je vous attendrai.

BILL.

CHUBBIE MILLER, FIANCÉE DU PILOTE LANCASTER PERDU DANS LE DÉSERT, S'EST ENVOLÉE CE JOUR EN DIRECTION DE REGGANE SUR FARMAN PRÊTÉ PAR INDUSTRIEL – STOP – VEUT MENER SES PROPRES RECHERCHES – STOP – PRÉVENIR AUTORITÉS FRANÇAISES A ALGER

(Télégramme envoyé
à l'ambassade d'Angleterre à Paris.)

Plus tard.

Je me glisse seulement maintenant sous l'aile de l'appareil, avec des heures d'agonie pour seule perspective. Bien sûr cette carcasse doit être difficile à apercevoir depuis les airs. Cela ne ressemble plus beaucoup à un avion.

J'espère avoir été digne jusqu'à la fin. J'emballe maintenant cela dans de la toile, si j'écris encore autre chose, je le ferai sur des bandelettes que je glisserai sous le câble qui maintient le cahier.

Au revoir.

BILL.

Message du capitaine du peloton motorisé de Reggane au commandement militaire du territoire de Colomb-Béchar, le 19/4 à 16 heures :

TOUJOURS AUCUNE TRACE PILOTE DISPARU – STOP – COMMENÇONS A MANQUER EAU ET CARBURANT – STOP – ATTENDONS INSTRUCTIONS

*

La jeune pilote australienne Chubbie Miller a décollé ce matin de Londres pour tenter de retrouver son ami Bill Lancaster, porté disparu au Sahara depuis près d'une semaine. Il était parti mardi dernier de Lympne pour tenter d'améliorer le record de Mollison jusqu'au Cap. Depuis, les recherches menées par les autorités françaises sont restées infructueuses. Mme Chubbie Miller essayait depuis plusieurs jours de trouver un avion pour se rendre à Reggane, dans le Sud algérien, où Lancaster a été vu pour la dernière fois. Un responsable de la société Air Union lui a permis de louer un monoplan Farman de 40 chevaux et l'assureur Lloyd's s'est porté garant de son vol. Mme Chubbie Miller compte parvenir à Reggane d'ici deux jours. Mme Chubbie Miller avait atteint Sydney avec Bill Lancaster en 1927, réalisant ainsi le premier vol en duo entre l'Angleterre et l'Australie.

(*Evening Post*, 20/4.)

*Mère chérie, consolez mon père. Parlez à Mme K. M.**. *(Je l'aime tant. Lisez ceci ensemble et tâchez de mieux vous comprendre.) Père pourra récupérer 600 livres sur l'appareil.*

(Message écrit à l'intérieur
de la couverture du carnet.)

* Mme Keith Miller est le nom de femme mariée de Chubbie.

A 8 % de déshydratation, les signes de confusion mentale s'accentuent (délire, perte de connaissance). On note une élévation de la température centrale par défaillance de la thermorégulation. La baisse du flux sanguin cutané mis en jeu pour maintenir une pression veineuse centrale suffisante provoque une diminution des échanges thermiques du centre vers la périphérie. La température du corps s'élève. Le phénomène le plus remarquable est que le sujet ne transpire pas en dépit d'une élévation rapide de la température corporelle. L'individu peut être pris de convulsions.

Les perturbations de la circulation liées à la diminution du volume plasmatique causée par la déshydratation peuvent aboutir à un choc circulatoire mortel.

(Encyclopédie de physiologie humaine.)

Message du commandement militaire du territoire de Colomb-Béchar au peloton motorisé de Reggane, le 19/4 à 17 h 20 :

ABANDON DES RECHERCHES TERRESTRES DÉCIDÉ A ALGER – STOP – RETOUR A VOTRE BASE DE REGGANE AUTORISÉ

*

PERSONNEL.

Pour : ma mère et Mme J. M. Keith Miller.

Veuillez lire ceci ensemble, en mémoire de moi. BILL – *c'est mon dernier souhait.*

Mme Lancaster, 69 Crystal Palace Park Road, Londres, Angleterre.

(Message écrit sur la couverture du carnet.)

La pilote australienne Chubbie Miller a décidé de partir à la recherche de son ami Bill Lancaster disparu la semaine dernière en survolant le Sahara alors qu'il tentait de battre le record jusqu'au Cap. Chubbie Miller avait indiqué la semaine dernière qu'elle ferait tout pour venir en aide à son ancien compagnon avec lequel elle avait établi en 1927 un record en vol à deux jusqu'à Sydney. L'an passé, Bill Lancaster avait été jugé à Miami pour le meurtre de Harold Fraser, l'amant de Chubbie Miller, lors d'un procès retentissant à l'issue duquel il avait finalement obtenu l'acquittement. Il tentait d'établir un nouveau record pour relancer sa carrière de pilote en Angleterre.

(*Daily Express*, 19/4.)

A ma chère mère et mon adorée Chubbie. J'ai tenu un carnet tout au long des sept jours ; j'écris ces lignes au septième jour après mon départ de Reggane. J'espère que vous récupérerez le carnet et le lirez ensemble, en mémoire de moi. Personne à blâmer. Le moteur a eu des ratés. Je me suis retourné en atterrissant, dans l'obscurité totale, et voilà.

Voyez Nina Ann et Pat pour moi. Embrassez-les. K. comprendra. J'attache à l'aile gauche de l'appareil le carnet qui contient toutes mes pensées et tous mes souhaits. J'espère qu'ils le trouveront et qu'ils vous le remettront.

Au revoir, père, mon vieux. Ecrivez à Jack. Et au revoir mes amours.

BILL.

(Message écrit sur les pages
de son carnet d'essence Shell.)

Brighton, le 19 avril 1933.

Stephen,

Je viens d'apprendre par la radio que Chubbie a décollé tout à l'heure pour retrouver Lancaster au Sahara. C'est une folie totale ! Et elle ne m'a même pas avertie. Je suis furieuse et terriblement inquiète. Je vais appeler le ministère des Affaires étrangères et leur demander de prévenir les autorités françaises. Il faut absolument qu'ils l'empêchent d'atteindre le Sud algérien et de se perdre elle aussi dans le désert. Elle va prendre des risques insensés pour essayer de le retrouver. Je connais ma sœur et je sais qu'elle est prête à tout. Comment a-t-elle réussi à obtenir un avion ? Mystère. Elle n'a pas un sou en poche et avant-hier encore, personne n'était disposé à lui en fournir. Elle m'a même demandé de lui prêter de l'argent pour en louer un, mais j'ai refusé. Hélas, lorsqu'elle a quelque chose en tête, elle sait toujours se débrouiller et parvenir à ses fins… Il y a quelques jours seulement, elle me certifiait aussi qu'elle n'aimait plus Bill Lancaster et qu'elle n'avait aucunement l'intention de revivre avec lui. Résultat : la voilà qui part à sa recherche et met sa vie en jeu pour lui ! Une fois de plus, je ne la comprends pas… Je t'écrirai plus longuement les jours prochains. Je dois d'abord tenter de stopper au plus vite cette folie.

KATE.

HUITIÈME JOUR

Toi qui as comblé la mer de flots,
Les dunes de sable, le ciel d'étoiles,
Viens me secourir.

Chant nomade.

C'est le début du huitième jour. Il fait encore frais. Je n'ai pas d'eau.

Pas de vent. J'attends patiemment. Venez vite, je vous en prie. La fièvre m'a dévasté la nuit dernière. Espère que le carnet vous parviendra dans sa totalité.

BILL.

(Message inscrit par Bill Lancaster
sur sa carte d'essence Shell.)

Télégramme envoyé par le ministère des Affaires étrangères au directeur des territoires du Sud à Alger, 20/4, 17 h 50 :

PILOTE BRITANNIQUE C. MILLER A EFFECTUÉ RAVITAILLEMENT A TOULOUSE HIER – STOP – FRANCHI PYRÉNÉES CE MATIN PAR TEMPS COUVERT – STOP – SURVOLE ACTUELLEMENT L'ESPAGNE EN DIRECTION DE GIBRALTAR – STOP – DEVRAIT ATTEINDRE ORAN DANS LA SOIRÉE

Télégramme envoyé au ministère des Affaires étrangères à Paris par le directeur des territoires du Sud à Alger, 20/4, 21 heures :

PILOTE BRITANNIQUE C. MILLER A ATTEINT ORAN CE SOIR – STOP – A PAYÉ ASSURANCE TRANSSAHARIENNE – STOP – VEUT REDÉCOLLER DE NUIT EN DIRECTION DE REGGANE – STOP – MÉTÉO FAVORABLE – STOP – PAS DE VENT PRÉVU

Au-delà de 12 % de déshydratation, les séquelles neurologiques ou psychiques deviennent irréversibles. Thrombose artérielle, embolie pulmonaire, pneumonie par déglutition peuvent se produire. Un coma s'installe. La mort survient.

(Encyclopédie de physiologie humaine.)

NEUVIÈME JOUR

De ce pays austère,
Où sable et ciel s'affrontent et s'entremêlent,
Naissent parfois des miracles.

Chant nomade.

Reggane, le 21 avril 1933.

Ma douce,

Les surprises ici continuent. Figure-toi qu'un avion s'est posé ici ce matin et qu'il en est descendu une jeune femme décidée, plutôt jolie, une Australienne. C'est une petite brune, aux cheveux courts et au caractère apparemment bien trempé, qui ne parle pas un mot de français. Elle a volé seule, à bord de son avion, depuis l'Angleterre ! Et devine un peu : il paraît que c'est la fiancée du type qui est perdu dans le désert ! Elle veut tenter de le retrouver. Dès cet après-midi, elle a dit qu'elle partirait à sa recherche. Elle ne manque pas de courage en tout cas. Le responsable de la Compagnie transsaharienne veut néanmoins lui faire signer un papier les dégageant de toute responsabilité car il ne veut pas avoir à lancer des recherches pour la retrouver elle aussi. Elle a pris une assurance mais apparemment cela ne suffit pas. C'est très risqué de vouloir partir comme cela au-dessus du désert. Surtout qu'elle a l'intention de s'éloigner de la piste, paraît-il. Elle a dit qu'elle essaierait d'atterrir à Bidon V ce soir. Elle doit être sacrément amoureuse pour faire une chose pareille.

Pour l'heure, elle se repose dans une chambre du bordj de la Transsaharienne. Elle n'a paraît-il pas dormi depuis plusieurs jours. Elle avait l'air très fatiguée lorsqu'elle est arrivée. Nous l'avons invitée à notre table ce midi. Je ne sais pas si elle viendra. Je vais aller jeter un œil sur son avion (ils sont en train de remplir les réservoirs de carburant et d'huile). Je reprendrai cette lettre tout à l'heure.

15 h 40.

Le repas était très intéressant. La jeune Australienne a beaucoup parlé avec nous. Au début, elle était un peu froide, mais après elle s'est un peu détendue. Nous lui avons posé beaucoup de questions. Elle nous a appris beaucoup de choses. Heureusement que le radio parle quelques mots d'anglais, il a pu nous faire la traduction, sinon nous n'aurions rien compris. J'en sais beaucoup plus maintenant sur ce pilote et sur sa fiancée. C'est une histoire rocambolesque. D'après ce qu'elle a dit, ils sont tous les deux célèbres en Angleterre parce qu'ils détiennent le record de distance en vol à deux entre Londres et l'Australie. Nous demanderons tout de même à ceux de l'escadrille de Colomb-Béchar de vérifier si cela est vrai. Ils ont paraît-il survécu au crash de leur avion en Indonésie et une autre fois, elle a dû tuer, durant le vol, un serpent venimeux qui était monté dans leur avion. Lui, c'est un ancien pilote de la RAF. Elle, à l'époque, elle ne savait pas piloter. Ils étaient mariés chacun de leur côté, mais ils sont devenus amants durant ce record. Ensuite, ils sont allés vivre aux Etats-Unis. Ils ont participé là-bas à des courses, elle en a d'ailleurs gagné plusieurs. Ils voulaient surtout qu'un réalisateur d'Hollywood fasse un film sur leur histoire, mais ça ne s'est pas fait. Avec la crise, c'est devenu très dur pour eux. Ils n'avaient pas d'argent. Lui, il a réussi à trouver un boulot dans une petite compagnie. Pendant ce temps-là, elle est restée seule en Floride, à Miami. C'est là qu'elle a eu une aventure avec un journaliste qu'ils avaient embauché, si je me souviens bien, pour qu'il écrive un livre sur eux. Pas banal, tu ne trouves pas ? En plus, ce type a été retrouvé tué d'une balle dans la tête dans la chambre qu'il partageait avec Lancaster, le soir même où Lancaster est rentré après une longue absence... On l'a accusé de meurtre, bien sûr. Mais en fait, d'après elle, il n'y était pour rien. Il y a eu un long procès à l'issue duquel il a d'ailleurs été acquitté. Après cela, ils sont rentrés en Europe. Comme il n'avait pas de travail, il a décidé de tenter un autre record, entre Londres et Le Cap. Il espérait grâce à cela trouver un boulot à son retour et reconquérir l'opinion publique. Depuis qu'il a disparu, certains en Angleterre disent, paraît-il, qu'il s'est suicidé. Pour eux, il serait venu se tuer dans le désert parce qu'il savait qu'il était un meurtrier, il avait ce poids sur la conscience. Pour elle, bien sûr, tout cela est faux. S'il a disparu, c'est qu'il a eu une panne, c'est pourquoi elle est venue pour le retrouver. Elle est persuadée qu'il est encore vivant. Elle fait un peu de peine.

Elle a questionné longuement Lecerf pour savoir comment était son ami lorsqu'il a décollé d'ici. Elle lui a demandé s'il avait signalé un problème technique particulier. Lecerf a répondu que non, mais il a dit quand même qu'il y avait eu du vent de sable les jours précédents et que le pilote avait pris du retard et qu'il semblait fatigué.

Après le repas, elle nous a demandé de l'accompagner à son avion, un monoplan Farman de 40 chevaux. Nous lui avons fait plusieurs recommandations, notamment de ne pas trop s'éloigner de la piste automobile. Elle a dit qu'elle serait prudente, qu'elle ne prendrait pas de risques inutiles, que son but était de retrouver son ami. Ensuite, elle est montée dans son avion, elle nous a fait un petit signe de la main, puis elle a décollé. Nous l'avons regardée disparaître à l'horizon. Nous avons regagné le bordj un peu inquiets. Nous ne savons pas trop sur quoi tout cela va déboucher. Dans quelques jours, il faudra peut-être partir la rechercher elle aussi. Les civils au Sahara sont trop imprudents. Ils ne se rendent pas compte des dangers du désert. Ils ont une confiance aveugle en la mécanique et c'est une grave erreur. Je suis persuadé qu'il est moins dangereux de circuler comme nous à chameau.

Excuse-moi de ne parler que de cette histoire. Mes lettres doivent te paraître bien peu romantiques.

Je t'embrasse.

RENÉ.

La pilote australienne Chubbie Miller s'est posée ce matin à Reggane, dans le Sud algérien, d'où elle espère mener des recherches pour retrouver son ami Bill Lancaster disparu depuis une semaine au Sahara. Jusqu'à présent les recherches menées par les autorités françaises le long de la piste transsaharienne sont restées vaines, mais Chubbie Miller est confiante sur ses chances de retrouver son ami.

(*Evening Post*, 21/4.)

*

Télégramme envoyé à Colomb-Béchar par le poste militaire de Reggane, 21/4, 16 heures :

PILOTE AUSTRALIENNE CHUBBIE MILLER A REDÉCOLLÉ AUJOURD'HUI DE REGGANE EN DIRECTION GAO – STOP – VEUT TENTER DE RETROUVER PILOTE PERDU LANCASTER – STOP – A INDIQUÉ QU'ELLE VOLERAIT A SES RISQUES ET PÉRILS – STOP – DEVRAIT SE POSER A BIDON V DURANT SOIRÉE

DIXIÈME JOUR

Reggane, le 22 avril 1933.

Ma douce,

L'Australienne est revenue ce soir ! Pour nous, c'est plutôt une bonne nouvelle, car cela veut dire qu'elle ne s'est pas perdue dans le Tanezrouft. Nous n'étions pas très rassurés à l'idée de l'avoir laissée partir seule comme cela. Elle s'est posée à Bidon V et a survolé le désert durant deux jours. Elle n'a pas repéré l'avion de son ami. Ce sera sans doute impossible de le retrouver. Elle commence, je crois, à le comprendre. Elle n'imaginait sans doute pas que le Sahara était si immense. A Bidon V, ce vieux Gabus a dû halluciner en la voyant débarquer. La soirée en tout cas devait valoir le coup d'œil car là-bas, il n'y a rien sauf deux baraques et trois bonshommes qui ne parlent pas un mot d'anglais. On y mange sous un toit en zinc qui protège des vents de sable et du soleil brutal, mais la chaleur y est infernale. C'est encore pire qu'ici. En février, il y faisait 60 °C au soleil et 42 °C à l'ombre. Et il n'y a pas d'eau. On est au milieu de nulle part. Le premier puits se trouve à 120 kilomètres en direction du nord-est, à Ouallene, ou alors il faut aller vers l'est jusqu'à In Ziza, à 175 kilomètres de là.

L'Australienne veut paraît-il reprendre quand même les recherches dès demain matin. Le capitaine est allé au bordj pour tenter de l'en dissuader mais il n'a pas trop osé insister. Elle a l'air tellement désemparée et tellement triste… Il l'a trouvée assise sur son lit, le regard perdu, dans sa tenue d'aviatrice. Elle s'est mise à pleurer lorsqu'il a commencé à lui parler. Elle lui a raconté qu'elle s'était égarée, elle aussi, il y a trois ans, après avoir effectué un vol entre Pittsburgh aux Etats-Unis et Cuba. Elle avait affronté des vents violents qui l'avaient fait dériver et avait volé jusqu'au moment où elle n'avait plus d'essence dans son réservoir. Plusieurs avions avaient tenté de la retrouver mais au bout de quelques jours les recherches avaient été abandonnées. Son ami Lancaster, lui, n'abandonna pas. Il se démena comme un beau diable pour la retrouver. Il alla même à Washington pour tenter de convaincre l'US Navy de participer aux recherches. Ils refusèrent. Alors il décida de louer un avion et de partir seul à sa recherche. Chubbie Miller avait eu beaucoup de chance parce qu'en fait elle avait réussi à se poser sur une île des Bahamas. Après plusieurs jours, elle avait pu enfin prévenir qu'elle était encore vivante. Et comme dans les contes, c'est son fiancé qui était arrivé par les airs jusqu'à elle et qui l'a ramenée ensuite dans son avion en Floride. Ça explique pourquoi elle met tant d'acharnement aujourd'hui à essayer de le retrouver, maintenant qu'il est perdu à son tour et que les recherches ont été stoppées. C'est une histoire quand même incroyable… Il faudrait la proposer à Pierre Benoit. Il en ferait sûrement un roman digne de son *Atlantide* ! Nous ici en tout cas, on ne parle que de cette histoire. On guette les télégrammes. (Cornet et Pélissié n'ont jamais eu autant de visites en trois jours.) Au fait, si tu tombes sur des articles de journaux, envoie-les-moi. Tu sais qu'ici les informations sont rares. On est coupés de tout. On est un peu comme ce pilote…

Je t'embrasse.

RENÉ.

ONZIÈME JOUR

Reggane, le 23 avril.

Ma douce,

L'Australienne continue ses recherches avec obstination. Elle a redécollé ce matin, peu après le lever du soleil. Elle nous impressionne par son courage et sa volonté. Elle semble cependant de plus en plus fatiguée. Ses joues se sont creusées, sa peau est brûlée par le soleil. Elle souffre aussi beaucoup de la chaleur. Nous ne savons pas trop quoi faire pour la dissuader de poursuivre ses recherches. Nous ne nous sentons pas le droit de lui dire d'arrêter. Tout ce qu'elle va obtenir, à force de prendre de tels risques, c'est un destin semblable à celui de son fiancé. Elle connaît à peine le désert. Elle a survolé l'Egypte et l'Irak, mais cela n'est pas comparable. Elle n'a pas l'air de mesurer vraiment les dangers de l'aviation au Sahara. Je ne serais pas étonné que le gouverneur d'Alger nous demande d'ici quelques jours de séquestrer son avion pour l'empêcher de décoller et de faire une bêtise. Nous lui avons proposé de lui prêter un poste de TSF au cas où son avion aurait une panne, mais elle a refusé. Elle ne veut pas risquer d'accroître la consommation en carburant de son avion. Pourtant, d'après Mailloux, son Farman ne consomme que quinze litres à l'heure, ce qui n'est pas grand-chose. Lecerf lui a proposé de lui offrir gratuitement le trajet aller-retour jusqu'à Gao par l'autocar de la Transsaharienne (il y a un départ la semaine prochaine). Pour le moment, elle veut poursuivre les recherches par avion. Elle pense que Lancaster ne se trouve pas à proximité de la piste automobile, sinon il aurait déjà été repéré. C'est sûrement vrai d'ailleurs. S'il avait aperçu les phares des véhicules, il aurait marché jusqu'à croiser les traces de la piste, sauf bien sûr s'il est incapable de bouger. Le pauvre est je ne sais où et il ne sait pas se repérer dans le désert. Il est comme nous tous ici. Sans nos instruments, nous ne sommes plus rien. Les Touaregs, eux, savent se diriger la nuit en regardant simplement les étoiles. Quand ils traversent le Ténéré pour aller chercher le sel de Bilma, ils suivent à l'aller les Pléiades. Lorsque Orion disparaît, qu'ils appellent Amanar, ce qui veut dire "le guide" en tamacheq, ils stoppent la caravane. Dans le Tanezrouft, entre Ouallene et Am-Rhannan, ils s'orientent paraît-il grâce à deux étoiles, Tenâfelit et Tôzzert, de la constellation du Navire, qui leur permettent de déterminer la position du sud. Leur connaissance du ciel est vraiment étonnante. Ils s'en servent aussi pour deviner les changements de saison. Il y a quelques jours, l'un d'entre eux m'a dit que le "vautour en vol" avait disparu dans le ciel (pour nous, il s'agit de la constellation du Cygne), ce qui annonce l'arrivée de la grande chaleur. Et on peut dire que ce Touareg ne s'était pas trompé. Foutu vautour ! Il paraît d'ailleurs que certains oiseaux migrateurs venant d'Europe s'orientent en fonction des étoiles lorsqu'ils traversent le Sahara. Landernin tient cela d'un professeur qui est passé l'an dernier à El Goléa pour une mission scientifique.

Le pauvre Anglais ne sait pas lire le ciel, bien sûr. C'est pas de chance. Il est devant une carte qu'il ne sait pas déchiffrer. Les étoiles pourraient lui sauver la vie, mais il les regarde sans les comprendre. Mailloux, qui est philosophe à ses heures, et aussi un peu communiste sur les bords, dit que Lancaster est un pur produit de notre civilisation. Il vénère la mécanique, il ne pense qu'à la vitesse, la réussite, l'exploit, il rêve de devenir riche et célèbre et il découvre maintenant comme tout cela est fragile et dérisoire. Il refait malgré lui l'apprentissage de choses essentielles, tout ce qu'il a négligé durant des années, il réapprend le temps, la nature, l'espace, l'humilité, il s'aperçoit que tout seul il n'est rien. Les Touaregs disent ici : "Dieu a créé des pays pleins d'eau pour y vivre et des déserts pour que les hommes y trouvent leur âme..."

J'espère que tout va bien de ton côté. J'imagine que Louis est venu semer le maïs et le tournesol. Tu lui passeras le bonjour ainsi qu'à ton père. En voyant tout à l'heure un gros camion de la Transsaharienne repartir vers Colomb-Béchar avec notre courrier, j'ai pensé que ton frère devrait essayer d'acheter une moissonneuse-batteuse. Il devrait aller en parler à Balestié à Villeneuve-sur-Lot. Je suis sûr qu'il pourrait lui obtenir un prêt de la banque. Avec une machine américaine, une John Deer, ton frère trouverait dès cette année des clients jusqu'à Fumel pour la moisson. Il pourrait ainsi dès à présent commencer à rembourser son emprunt. Parle-lui-en quand tu pourras. Et vois si ton père peut l'aider un peu.

Je t'embrasse.

RENÉ.

TREIZIÈME JOUR

Télégramme du commandant militaire du territoire de Colomb-Béchar envoyé au poste militaire de Reggane le 25/4 :

ABANDON DÉFINITIF DES RECHERCHES PILOTE ANGLAIS – STOP – DÉCISION ANNONCÉE PAR ALGER

Reggane, le 25 avril.

Ma douce,

Nous avons vécu un petit drame ce matin. Hier soir, l'Australienne s'est posée ici, après deux jours de vol dans la région de Gao. Elle a pu atterrir sans problème. Mais le vent s'est levé dans la nuit, ce qui est assez rare. D'habitude, on accroche aux ailes des avions des poids (la plupart du temps des bidons d'huile) afin de les maintenir au sol en cas de coup de vent. Hélas, à l'heure où elle est arrivée, personne n'a pensé à le faire et la pauvre n'y a pas pensé non plus. Une rafale a fait basculer l'avion et une aile s'est brisée. C'est un de nos goumiers qui s'en est rendu compte et qui est venu nous alerter ce matin. Nous sommes vite allés au terrain d'aviation pour constater hélas que tout cela était bien vrai. La pauvre Australienne qui était avec nous a fondu en larmes. Elle est restée assise un long moment dans le sable devant son appareil brisé. Il va falloir plusieurs semaines pour réparer tout cela. Je ne suis même pas sûr que les mécaniciens de la Transsaharienne y parviendront, d'autant que Cotti a déjà fort à faire avec ses deux camions en panne. Pour l'Australienne, il n'y a plus d'espoir de revoler dans l'immédiat et donc de poursuivre ses recherches pour retrouver son ami. Elle ne pourra sans doute pas le sauver comme elle l'espérait. Nous avons essayé de la consoler. Je ne sais pas ce qu'elle va faire maintenant. Pour le moment, elle est cloîtrée dans sa chambre au bordj. Je n'ose même pas aller frapper à sa porte. Tout à l'heure, j'irai quand même lui proposer de manger quelque chose. Nous ne voulons pas qu'elle se laisse dépérir.

RENÉ.

QUINZIÈME JOUR

Reggane, le 27 avril 1933.

L'Australienne est malade. Je ne sais pas ce qu'elle a. C'est peut-être à cause de l'eau (magnésienne ici). Les nouveaux venus lorsqu'ils débarquent à Reggane échappent rarement aux fièvres et maux en tous genres. J'en sais quelque chose… Je suis allé déposer au bordj Estienne tout ce que j'avais pour elle, car la pauvre est venue sans rien. J'ai donné à M. Lecerf du permanganate de potassium en comprimés pour stériliser l'eau, de l'Innotyol pour les brûlures, un sachet de compresses, deux flacons de Stovarsol, un flacon de Vulcase, de l'aspirine et des comprimés de quinine. Avec tout cela, elle va, je l'espère, se requinquer rapidement. Sinon il faudra la faire rapatrier à Alger par le prochain camion.

Il y a quelques mois, un chef de chantier à Ouallene est tombé malade comme cela à 500 kilomètres du poste où se trouve le docteur, qui ne pouvait pas se déplacer à cause d'une panne de véhicule. Ils ont pensé rapatrier le type puis finalement ont décidé de télégraphier au toubib, deux fois par jour, en détail, l'évolution de la maladie. Grâce à la TSF, le toubib a pu ainsi prescrire le traitement à suivre et le gars s'est rétabli comme cela, sans bouger d'Ouallene.

Pour l'heure, notre Australienne est dans sa chambre. Personne n'a encore osé lui dire que les recherches pour retrouver son compagnon avaient définitivement été stoppées avant-hier...

Comment prendra-t-elle cette nouvelle ? Il faudra bien qu'elle l'apprenne...

RENÉ.

DIX-SEPTIÈME JOUR

Reggane, le 29 avril 1933.

Ma douce,

Chubbie Miller est toujours là mais elle fait peine à voir. Elle ne parle plus. Elle ne mange plus. Elle reste enfermée dans sa chambre presque toute la journée. Elle sort juste pour marcher jusqu'à son avion ou venir voir si elle n'a pas reçu un télégramme. Je crois qu'elle nous en veut un peu. Elle est très déçue. Elle aurait sans doute voulu que nous partions avec nos chameaux à la recherche de son fiancé. Hier, elle a utilisé la sans-fil du bordj Estienne pour demander au constructeur de son avion de lui faire parvenir la pièce à changer. Les mécaniciens ont essayé de lui donner un coup de main, mais ils ont préféré finalement ne pas trop bricoler l'appareil car ils ne sont pas équipés pour cela. A l'heure qu'il est, de toute façon, Lancaster est sans doute mort. Je n'ai pas osé lui annoncer moi-même que les recherches avaient été abandonnées. J'ai attendu qu'elle l'apprenne par quelqu'un d'autre. En l'occurrence par M. Lecerf. Bizarrement elle n'a pas eu de réaction, paraît-il. Je me sens lâche malgré mon beau saroual. Elle doit penser que nous ne valons pas l'homme qu'elle a aimé et d'une certaine façon, elle a raison. Nous passons nos journées à ne rien faire, à jouer aux cartes, à dormir, à manger, et il y a dans le désert un homme qui compte sur nous peut-être pour le sauver. Il imagine que nous faisons l'impossible pour lui venir en aide, mais en réalité nous jouons à la belote.

Je ne supporte plus ces journées interminables, ni d'ailleurs les discussions avec les camarades du fortin. Ici, nous préférons siroter du pastis en nous gargarisant de nos prétendus exploits contre des nomades en haillons. J'aimerais parfois savoir piloter et partir à la recherche de cet homme. Ne serait-ce que pour sauver l'honneur du peloton de Reggane.

RENÉ.

DIX-NEUVIÈME JOUR

Je croyais jadis ne pas t'aimer,
Quand on est revenu me disant que tu es mort là-bas.
Je suis montée sur la colline où sera mon tombeau,
J'ai ramassé des pierres, enseveli mon cœur.

Chant touareg.

Reggane, le 1er mai 1933.

Ma douce,

Chaque soir, à la tombée du jour, lorsque la chaleur s'apaise un peu, Chubbie Miller va s'asseoir sur la grande dune, au sud de l'oasis. De là, elle regarde le Tanezrouft qui s'étend à l'horizon. Elle reste aussi pendant des heures près de son avion, pensive. La gazelle la suit parfois. Notre mascotte s'est prise d'affection pour cette étrangère qui lui parle en anglais. Hier je suis allé les rejoindre. Je voulais essayer de discuter, je voulais m'excuser pour tout cela, pour notre inaction. Je culpabilise tellement. Je lui ai offert un paquet de cigarettes pour qu'elle puisse en faire profiter aussi sa nouvelle amie. La communication n'est pas très facile entre nous, mais nous arrivons à nous comprendre. Elle sait que c'est très compliqué pour nous de retrouver son ami. Elle est triste bien sûr, pense que Bill Lancaster est toujours vivant. Elle attend que son avion soit réparé pour reprendre seule les recherches. C'est une jeune femme qui doit savoir aimer pour être ici, si loin de tout, de sa famille, pour supporter cet inconfort, cette chaleur. En ferais-tu autant si à mon tour je venais à disparaître ? Viendrais-tu jusque dans le désert pour me retrouver ? J'aime à penser que oui, mais au fond je ne sais pas trop... J'espère ne jamais t'infliger cette épreuve. J'admire en tout cas ce qu'a fait Mlle Miller. C'est une jeune femme pleine de courage. Mais comment faire pour l'aider, je ne sais pas. Je me sens totalement impuissant.

RENÉ.

VINGTIÈME JOUR

Reggane, le 2 mai 1933.

Dommage que tu ne veuilles pas me rejoindre. Ta lettre, reçue ce matin, m'a énormément déçu, je te l'avoue. J'avais secrètement espéré que tu viendrais à Reggane en septembre et que tu resterais jusqu'à la fin de mon service. Je m'étais fait à cette idée sans même t'en avoir parlé. J'en avais d'ailleurs informé le capitaine qui avait déjà donné son accord. Je voulais partir ensuite avec toi faire une grande virée d'un ou deux mois en Afrique noire à partir de décembre avant de rentrer à la maison. Cela aurait été une expérience unique pour toi, comme pour moi d'ailleurs, que nous ne revivrons pas de sitôt. C'était l'occasion rêvée de découvrir la faune africaine, les crocodiles, les lions, les hippopotames, le fleuve Niger, les villages nègres. J'ai tellement entendu parler de tout cela depuis que je suis ici à Reggane… Quelle aventure tu aurais vécue, toi qui n'es jamais allée plus loin qu'Agen ! Tu aurais eu des choses à raconter à tes futurs enfants et petits-enfants. Et que de souvenirs pour nous deux ! Au lieu de cela, je vais rentrer te rejoindre et ne plus bouger. C'est bien dommage. Troupénate aurait pu s'occuper des volailles et du potager jusqu'à notre retour. Ce n'est pas un mauvais bougre, tu le sais bien, malgré son penchant pour la bouteille. Quant à ton père, ton frère Louis s'en serait occupé. Il peut bien faire ça après tous les services que nous lui avons rendus. C'est bien dommage, crois-moi, d'autant que la liaison transsaharienne par la piste est désormais bien rodée. Tu aurais effectué la traversée du Tanezrouft en toute sécurité. C'est même un voyage plutôt confortable, dans un autocar énorme qui comprend huit fauteuils pullman et un vaste compartiment à l'arrière pour les bagages, le fret, les sacs postaux et les pièces de rechange. A bord, il y a aussi une cuisine et des toilettes. Le soir, on transforme les fauteuils en couchettes isolées par des rideaux avec, en prime, éclairage électrique et bois d'acajou. Cet engin possède un réservoir de 400 litres et peut rouler pendant 800 kilomètres sans refaire le plein. Quant aux chauffeurs, je les connais bien. Deux Polonais, robustes et excellents mécanos, en qui nous aurions pu avoir totalement confiance. Ils sont accompagnés d'un télégraphiste (que je connais aussi) qui toutes les quatre heures monte une antenne et fait une liaison avec le poste militaire d'arrivée. Au programme, une escale à Bidon V, qui mérite le détour, même si en l'occurrence il n'y a aucun détour à faire puisque c'est un passage obligé sur la Transsaharienne. Il y a là-bas, en plein désert, un gouverneur militaire, un télégraphiste civil et un cuisinier noir qui prépare dit-on de succulents repas de nos belles provinces où pourtant il n'a jamais mis les pieds. Je te laisse imaginer le pittoresque de ce lieu... Actuellement, il y a un départ tous les quinze jours, mais à partir d'octobre il y en a un chaque semaine. Normalement le voyage coûte 2 400 francs par personne mais je suis sûr que le gérant du bordj, M. Lecerf, m'aurait obtenu une petite ristourne si je le lui avais demandé. Mais j'escomptais aussi économiser pour t'offrir la traversée dans un petit car de quatre places qui propose, depuis Colomb-Béchar, de luxueuses virées jusqu'en Haute-Volta pour 250 francs par jour et par personne, ce qui n'est pas très cher. Avec ma solde et mes économies, j'espérais bien arriver à nous payer cette belle balade dans le grand Sud.

Dommage que tu ne sois pas curieuse de découvrir ces horizons lointains. Tu te contentes des vallons de Prayssas, des champs de maïs et de blé de Tirontelle, de notre pauvre vieille église de Lacenne et du cimetière où reposent tes chers vieux ancêtres. Le reste a peu d'intérêt à tes yeux, même ce désert, même ce continent sauvage et puissant qui me fascine tant… Je suis déçu, très déçu évidemment.

Tu renonces à l'Afrique pour quelques pintades.

Dommage vraiment…

RENÉ.

VINGT-DEUXIÈME JOUR

Vous savez que cet amour est vérité.
Abandonnons-nous à Dieu !
Il peut faire que nous nous revoyions.

Chant touareg.

Reggane, le 4 mai 1933.

Depuis quelques jours, je dors mal. Sans doute à cause de la chaleur. Je préfère rester dehors, appuyé contre le mur de la cour du bordj, à regarder les étoiles et fumer quelques cigarettes.

A mesure qu'approche l'instant du départ, les certitudes se brouillent. J'éprouve la curieuse tentation de vouloir prolonger l'expérience de cette fournaise, de ce vide, dont pourtant je me suis tant plaint auprès de toi. Il me reste encore quelques mois à faire et je regrette déjà la perte de ce pays terrible. Je dois te sembler fou, ou bien très fatigué. C'est ainsi. Je comprends ces hommes qui aiment le désert. Je les comprends. J'envie ces nomades et leur liberté. Je me sens parfois un peu comme eux. Dans quelques mois, tout cela sera fini pour moi. Je serai de nouveau sous mon hangar en tôle, à manœuvrer des troncs, à découper des planches, à respirer la sciure. C'en sera terminé des étendues implacables, de cette fraternité que j'ai connue ici, de mes grandes aventures africaines. Bientôt, il me restera quelques souvenirs, et de grands désirs inassouvis. J'aurai vite oublié, je le sais, les désagréments du désert pour n'en garder qu'une profonde nostalgie. Il sera cependant trop tard pour regretter. J'aurai déjà regagné ma chère cellule et retrouvé le visage rassurant d'une vie déjà toute tracée. Ici, dans le désert, tout s'efface, tout est toujours à recommencer, tout est fragile et sans limites.

Sans doute ne me comprends-tu pas. Tout cela doit te sembler bien confus. Quels sont mes projets ? Je ne sais pas. Pardonne-moi pour tout cela.

Je t'embrasse affectueusement.

(...)

5 heures.

Il est possible que je ne puisse pas t'écrire pendant plusieurs jours car je dois me rendre à Adrar pour aller chercher de l'eau avec le camion. Je viens de l'apprendre. J'ai échappé plusieurs fois à la corvée mais, cette fois, le capitaine ne m'a pas loupé. Je pars avec un autre camarade (Berthelot).

Je t'écrirai dès que possible. En attendant, prends bien soin de toi.

RENÉ.

CINQUIÈME SEMAINE

Marche en avant de toi-même comme le premier chameau de la caravane.

Proverbe touareg.

Colomb-Béchar, le 17 mai 1933.

Mon général,

Je vous écris pour vous alerter sur le cas d'un de nos hommes, le lieutenant René Chauvet du groupement nomade de Reggane. Voici les faits. Il y a quinze jours, le lieutenant Chauvet a demandé une permission pour accompagner à Adrar Mlle Miller, la jeune pilote australienne qui tente actuellement de retrouver son compagnon porté disparu dans le désert, celle-ci souhaitant réceptionner des pièces pour réparer son avion. Cette permission de six jours lui a été accordée étant donné qu'il s'agit d'un élément de valeur, solide et sérieux, qui en maintes occasions a rendu de grands services à notre compagnie et fait la démonstration de sa bravoure. Il nous a en outre semblé utile de pouvoir garder un œil, par son intermédiaire, sur cette jeune Australienne dont le comportement reste largement imprévisible du fait du drame qu'elle vit actuellement. Le lieutenant et Mlle Miller ont quitté le bordj de Reggane, le 5 mai au matin avec deux chameaux de selle et trois de bât, d'après les éléments que nous possédons. Il faut deux journées en temps normal pour rejoindre Adrar et le trajet ne présente pas de difficultés pour un méhariste chevronné comme lui, étant donné qu'il suffit de suivre la piste qui est bien tracée par différents passages de véhicules. La météo était bonne et aucun vent de sable n'a été signalé dans la région. Cependant le lieutenant et cette jeune femme ne sont pas arrivés à Adrar et les véhicules qui depuis ont emprunté la piste ne les ont pas aperçus. Il semble exclu que le lieutenant Chauvet ait pu se perdre dans cette zone bien connue de nos hommes, de même qu'il semble peu probable qu'ils aient pu être attaqués par des berabers étant donné qu'aucun rezzou n'a été signalé depuis plusieurs mois dans la région. Les différents postes militaires de la région mis en alerte n'ont pu nous donner aucune information et plusieurs patrouilles sont parties à leur recherche sans succès. Cela fait six jours à présent que le lieutenant aurait dû réintégrer le bordj de Reggane.

Je crois utile de porter à votre connaissance cependant quelques faits signalés par ses camarades qui ont tous été interrogés depuis. Selon les témoignages recueillis, le lieutenant Chauvet a montré un comportement assez inhabituel au cours des derniers jours qui ont précédé sa disparition. Il avait, par exemple, cessé depuis quelque temps de veiller le soir avec ses camarades, préférant s'isoler dans sa chambre. Ce comportement n'a cependant pas inquiété ses compagnons, le lieutenant Chauvet étant d'un tempérament plutôt réservé, voire solitaire.

Plusieurs fois, il a par ailleurs été aperçu près de la grande dune au sud de l'oasis ainsi qu'au bordj Estienne où loge Mlle Chubbie Miller. Certains de ses camarades signalent que le lieutenant Chauvet a semblé très touché par le drame vécu par cette jeune femme et pensent même que sa disparition est directement liée à cette affaire. Il aurait peut-être tenté de lui venir en aide. Vous savez combien l'irruption d'une représentante du beau sexe dans une communauté masculine aussi isolée peut être déstabilisante et conduire parfois à des comportements échappant à toute logique. Pour être clair, il est à craindre que le lieutenant Chauvet soit parti dans le désert avec cette jeune femme pour tenter de retrouver le pilote Bill Lancaster disparu depuis une trentaine de jours, et dont les recherches ont été interrompues par Alger.

Il serait souhaitable, dans un premier temps, d'entourer d'un maximum de discrétion cette affaire étant donné que le lieutenant Chauvet est marié en France. Il aurait dû rejoindre sa famille d'ici quelques mois.

D'ores et déjà, nous avons commencé à interroger la population indigène pour tenter d'obtenir des informations sur cette disparition. Nous avons ainsi pu apprendre que le lieutenant Chauvet avait loué trois chameaux, des *azelraf*, particulièrement adaptés aux grandes traversées sahariennes, auprès d'un chamelier de Reggane et acheté une quantité de drin suffisante pour nourrir ces chameaux pendant au moins deux semaines dans une zone dépourvue de pâturages, ce qui tend hélas à renforcer nos craintes. Il aurait par ailleurs fait acheter une bonne quantité de farine, du sucre, du thé auprès d'un commerçant du ksar. Le capitaine Borel a envoyé deux goumiers du côté de l'oued Ilamane, à une dizaine de kilomètres du bordj, là où les chameaux du groupe nomade sont habituellement au pâturage. Comme nous pouvions l'imaginer, ceux du lieutenant Chauvet ne sont plus là.

C'est pour l'heure les seules informations dont nous disposons. Nous continuons les investigations et vous tiendrons régulièrement informés de leur avancée.

COLONEL GUÉNARD,
commandant militaire
du territoire de Colomb-Béchar.

Journal du lieutenant Chauvet, le 17 mai 1933 :

Depuis douze jours, nous nous enfonçons dans le désert. Direction sud-sud-ouest. Reg caillouteux. Chaleur écrasante. Colomb-Béchar sans doute alerté à présent. Recherches peut-être déclenchées. Mais il sera difficile de nous retrouver car nous avons laissé peu de traces derrière nous.

L'Australienne me surprend par sa ténacité et sa résistance. Ne se plaint pas malgré grande chaleur. Près de 50 °C à l'ombre à midi. Avançons en cherchant à l'horizon l'avion bleu. Luminosité très pénible pour les yeux. Nous rationnons l'eau autant que nous pouvons et souffrons déjà de la soif. Tonnelets d'eau diminuent à une vitesse inquiétante. J'écris ces lignes à la tombée du jour le vendredi 17 mai 1933. L'Australienne est allongée à quelques mètres de moi, épuisée.

J'ai déchargé et entravé les chameaux. Je la réveillerai tout à l'heure pour prendre le repas. Parfois, le soir, elle se confie à moi. Raconte son passé avec Bill Lancaster. Je ne comprends pas tout ce qu'elle dit. Malgré la fatigue et le danger, semble presque apaisée d'être dans le désert.

Toujours belle et désirable. La nuit, souvent, elle se lève et s'éloigne un peu. Elle regarde autour d'elle, cherche sans doute point de lumière à l'horizon.

Puis parle à haute voix, s'adresse à lui, perdu dans cette immensité. Je la surveille du coin de l'œil, étendu sous mon burnous. Des fois, dans un demi-sommeil, j'entends sa voix portée par le vent qui se mêle à mes rêves…

Chameaux rechignent à partir vers le sud. Pressentent qu'il n'y a rien de bon à attendre de cette région terrible. Seraient prets à retourner dès à présent vers le nord, vers le Touat et ses douces oasis. Mais l'Australienne nous pousse à avancer à travers vide effrayant. Je me laisse presque conduire par elle, pourtant si frêle et si fragile. Je connais le désert, mais elle connaît le mystère de l'amour… Elle dit que son compagnon est ici, quelque part dans le Tanezrouft. Elle dit qu'il n'est pas tombé près de Gao, ni dans l'erg Chech, ni ailleurs. Elle dit qu'il est ici, dans le Tanezrouft. Je me contente de surveiller la boussole, de gérer nos réserves, de nourrir et charger les chameaux, de prendre soin d'elle. Elle marche vers lui, et je laisse le mystère s'accomplir. Suis impatient de savoir… Avançons ainsi vers l'inconnu, avec obstination, portés par un mélange d'exaltation et de gravité. Folie bien sûr que d'affronter le Tanezrouft. Aurons sans doute à regretter notre inconscience. Pour l'heure, je reste confiant malgré difficultés qui nous attendent. Je veux croire au miracle des sentiments.

Journal du lieutenant Chauvet, le 18 mai 1933, 36e jour depuis la disparition de Lancaster :

Jours se succèdent et se ressemblent. Progressons toujours sud-sud-ouest à raison de quatorze heures de marche par jour. Avion de Lancaster reste introuvable. Depuis hier vent s'est levé et brume enveloppe désormais l'horizon, ce qui ne facilite pas

ED
ROSE

"Le capitaine Lancaster avait une lampe de poche. J'en suis sûre. Elle était dans une petite poche à côté de son tableau de bord" *(p. 155)*.

les recherches. L'Australienne semble cependant garder espoir. M'a montré hier soir, à la lumière de sa lampe torche, photos qu'elle a emportées avec elle. Photo de Bill Lancaster lors de leur vol vers l'Australie. Portrait de lui en uniforme de la RAF et photo après un atterrissage en Irak sur laquelle ils apparaissent tous les deux. Ai voulu qu'elle me raconte cette histoire de procès à Miami, mais n'a pas compris ou fait semblant de ne pas comprendre ce que je lui demandais.

Tanezrouft est incroyablement monotone et plat. Avançons dans un paysage affreusement triste, presque inchangé depuis plus d'une semaine, totalement démoralisant. De plus en plus difficile, la fatigue et la chaleur aidant, de ne pas s'endormir sur le chameau durant la journée. Crains que l'Australienne ne tombe de sa monture et ne se blesse. Lui ai demandé de se sangler. N'ai pas oublié que lieutenant Chatel s'est grièvement blessé comme cela, il y a quelques mois, durant reconnaissance dans le Tassili des Ajjers, en chutant sur les rochers.

Où se trouve Bill Lancaster ? Non loin d'ici ou à des milliers de kilomètres ? Doute que nos efforts soient récompensés. Le Sahara est sans pitié.

Journal du lieutenant Chauvet, le 20 mai 1933, 38e jour :

Cette nuit, l'Australienne est venue me secouer pour me réveiller. Avait cru apercevoir à l'horizon quelque chose qui ressemblait à un feu. Me suis levé et ai regardé attentivement à la jumelle dans la direction indiquée, mais n'ai rien vu. Au bout d'un moment, suis retourné me coucher. A semblé m'en vouloir. Elle est restée un long moment encore à scruter l'horizon avant de se résoudre à son tour à se recoucher. En fait, n'a pas réussi, je crois, à dormir. Ce matin, au réveil, a pleuré. Paraissait tellement épuisée que lui ai proposé de ne pas faire l'étape. Lui ai proposé de rester là toute la journée pour nous reposer, ce qui l'a de nouveau mise en colère. A fait toute l'étape sur le chameau sans dire un mot.

Journal du lieutenant Chauvet, le 23 mai 1933, 41e jour :

Chaleur devient insupportable. Ne sais pas combien de temps nous tiendrons encore. Dès l'apparition du soleil, calvaire commence pour ne s'achever que le soir, nous laissant abrutis, assommés. Heures et kilomètres se traînent lentement sur le reg surchauffé. Réserves d'eau ont atteint un niveau inquiétant. Restent deux tonnelets et demi. En nous rationnant davantage encore, pourrons tenir une dizaine de jours au maximum. En plus, eau s'évapore dans tonnelets avant même que nous ayons pu la boire. Et aucune trace de Lancaster. Aucune trace de personne.

Colomb-Béchar, le 23 mai 1933.

Mon général,

Nous avons désormais la certitude que le lieutenant Chauvet et Mlle Miller sont partis en direction du sud et non vers le nord comme ils l'avaient déclaré avant leur départ. Un Bédouin a affirmé les avoir aperçus, à une dizaine de kilomètres au sud de Reggane, il y a deux semaines, ce qui renforce hélas nos inquiétudes. Il semble de plus en plus vraisemblable que le lieutenant Chauvet et cette jeune femme se soient engagés à chameau dans le Tanezrouft pour tenter de trouver le pilote disparu Bill Lancaster. Ils ont semble-t-il invoqué un déplacement à Adrar pour ne pas éveiller les soupçons et pour empêcher nos méharistes de les rattraper. Nous attendons les instructions pour savoir s'il y a lieu d'engager des recherches pour tenter de les retrouver dans cette zone particulièrement vaste et périlleuse. Plusieurs de mes hommes se sont néanmoins déjà portés volontaires, au cas où une telle décision serait prise.

COLONEL GUÉNARD,
commandant militaire
du territoire de Colomb-Béchar.

Mme Chubbie Miller, la compagne du pilote Lancaster dont on est sans nouvelles depuis plusieurs semaines, aurait disparu à son tour dans le désert en tentant de retrouver son compagnon, selon un journal algérien citant un chauffeur de camion effectuant la liaison entre Alger et Reggane. La jeune femme aurait quitté Reggane à chameau, il y a deux semaines, en direction du Tanezrouft, sans en avertir les autorités françaises, avec la complicité d'un militaire français. Depuis, ils n'auraient plus donné signe de vie. Cette affaire risque de relancer la polémique qui a entouré les recherches menées pour retrouver le pilote Bill Lancaster. A plusieurs reprises, Mme Chubbie Miller avait critiqué les autorités françaises, dénonçant l'inefficacité des recherches qui avaient été menées et le manque de volonté de venir en aide à son compagnon disparu. C'est ce qui l'aurait poussée à entamer ses propres recherches.

(*Daily Post*, 23 mai 1933.)

SIXIÈME SEMAINE

J'étais seule au pied des rochers surplombants ;
Je m'évanouissais d'amour ; l'eau ne me désaltérait pas
Tant mon cœur me brûlait.
(...)
Bientôt je paraîtrai devant vous ;
Si je ne meurs pas, je le ferai.

Chant touareg.

Journal du lieutenant Chauvet, 24 mai 1933, 42e jour :

Sommes épuisés et les chameaux aussi. Nous reste à peine huit jours de réserves d'eau. Mais crois que l'Australienne s'en moque. Veut continuer à chercher jusqu'au bout. L'un de nos chameaux de bât s'est écroulé hier et n'a pu se relever. Avons dû l'abandonner sur place, la mort dans l'âme. Ai réparti les charges sur les deux autres qui n'ont cessé de protester jusqu'au soir. Parvenons à effectuer près d'une trentaine de kilomètres par jour, ce qui est peu mais reste honorable étant donné notre état physique et extrême chaleur qui règne ici. Après bientôt trois semaines, avion de Lancaster est toujours invisible. Il faudrait à présent un miracle pour l'apercevoir d'autant que visibilité est mauvaise depuis plusieurs jours à cause du vent. N'avons pas non plus trouvé de pâturage pour les chameaux. Y comptais pourtant afin de nourrir les pauvres bêtes. Ne me reste plus que quelques maigres touffes de drin à leur donner. Trompera leur faim mais ne la calmera pas. Chubbie Miller est très affaiblie mais fait toujours preuve d'un courage exemplaire. Chaque jour, bizarrement, me remercie de l'avoir accompagnée jusqu'ici. Mesure mieux le risque que nous avons pris ensemble. Folie de se lancer ainsi au hasard dans le Tanezrouft, c'est évident. Accepte le sort qui m'attend avec calme, mais ne veux pas me résigner. Malgré la fatigue, C. M. continue encore à scruter l'horizon pour tenter de repérer son compagnon. Désert reste désespérément vide. Moi, parfois, ne cherche plus vraiment. Me contente de suivre un cap. Même si nous trouvions Lancaster, je crois que nous ne pourrions le sauver. Sommes naufragés nous aussi désormais. Il est de plus en plus probable que nous allons subir le même sort que lui, alors à quoi bon chercher encore ? Désormais, C. M. se désintéresse de la carte Nieger que je déplie chaque soir. Préfère s'allonger, perdue dans ses pensées. J'estime que nous devons être à environ 400 kilomètres de la piste. Pourrions l'atteindre en moins d'une semaine si nous décidions à marcher aussi la nuit. Avec un peu de chance, tomberions là-bas sur un véhicule de la Transsaharienne ou de militaires lancés à notre recherche. Si mes estimations sont fausses, et piste en réalité plus éloignée, nous n'en sortirons pas et sécherons comme tant d'autres dans cet effroyable désert.

29 mai 1933, 47e jour :

Avons avancé toute la journée vers le sud, malgré notre état lamentable. Désert intégral. A 14 heures, température de 64°C relevée au sol. Sentiment d'étouffement. Oppression. Vent est tombé ce soir mais sable en suspension masque les étoiles. Fait très sombre. Ne voyons rien. Chubbie Miller a cessé de parler. Venons de terminer le dernier tonnelet d'eau. Il ne reste plus que trois guerbas. Après ce sera l'inconnu…

31 mai 1933, 49e jour :

Toute la journée, les chameaux ont fait entendre leurs plaintes insupportables. Même le mien, Aman, pourtant si robuste, s'y est mis. Suis inquiet. Avons établi le campement à proximité d'une zone de petites dunes. Vers l'ouest, on distingue la falaise du Krenachiche. Demain, nous tenterons de l'atteindre. Peut-être trouverons nous là-bas du pâturage.

1er juin 1933, 50e jour :

J'ai escaladé la falaise, haute d'une cinquantaine de mètres, avant la tombée du jour. Chubbie Miller trop fatiguée a dû renoncer. Est restée en bas au campement avec les chameaux. De là-haut, mes observations à la jumelle n'ont rien donné. Pas d'avion. Aucun signal de détresse. Le Tanezrouft semble totalement vide. Et pas de pâturage pour les chameaux.

2 juin 1933, 51e jour :

Malgré leurs entraves, les chameaux se sont éloignés durant la nuit. Il m'a fallu les ramener un à un. Au final, avons perdu deux heures. Progression en direction sud-sud-est. Treize heures sur un gravier sans fin, tantôt sur nos montures, tantôt à pied pour ménager les bêtes. Chaleur toujours au-delà du supportable même pour un méhariste expérimenté (70 °C au sol à 14 heures). Pas de trace d'animaux, pas la moindre végétation. Aucune vie nulle part. Seule la désolation à perte de vue.

Il a été décidé de ne pas engager de recherches pour retrouver le lieutenant Chauvet et Mlle Chubbie Miller disparus depuis trois semaines dans le Tanezrouft, ont annoncé à Alger les autorités françaises. Le lieutenant Chauvet et Mlle Chubbie Miller avaient quitté Reggane à chameau sans autorisation officielle le 5 mai dans l'intention de retrouver Bill Lancaster, le pilote disparu dans le désert lors d'une tentative de record de vitesse entre Londres et Le Cap. Depuis ils n'ont plus donné signe de vie.

(*L'Echo d'Alger*, 2 juin 1933.)

3 juin 1933, 52e jour :

Le calvaire se poursuit. Mais pour combien de temps encore ? Avons parcouru à peine quarante kilomètres en direction de l'ouest. Tentons désormais de rejoindre la piste. C. M. est à bout de forces. Tient à peine sur ses jambes. Avons perdu un deuxième chameau de bât. Avons abandonné toutes ses charges, à l'exception d'une guerba. Nous reste dix litres. Tiendrons quatre ou cinq jours. Au campement, C. M. a dit qu'elle voulait écrire. Lui ai donné une feuille de mon carnet. Une fois terminé, s'est levée et s'est éloignée d'un pas mal assuré en serrant sa lettre contre elle. A cinquante mètres, s'est accroupie et a ramassé quelques pierres. Ne l'ai pas quittée des yeux, inquiet de ce qu'elle pouvait faire. A posé sa feuille sur le sable et a posé les pierres dessus. Puis est restée un long moment debout à regarder la feuille posée par terre, puis est revenue lentement au campement. N'ai rien osé lui demander. S'est allongée sous son burnous sans dire un mot. N'a pas voulu manger. Crois qu'elle a de la fièvre. Ne sais pas comment nous parviendrons à repartir demain.

Bill,

Je n'ai eu de cesse de marcher vers toi. Des jours entiers, je t'ai cherché dans ce désert immense. J'ai souffert pour venir vers toi, comme sans doute tu as souffert, égaré dans ton silence. A présent je n'ai plus la force. Je n'ai plus la force de marcher, de monter sur le chameau, de supporter ces longues étapes en pleine chaleur.

Bill, j'ai tellement espéré te revoir… Aussi loin que j'ai pu, je t'ai cherché et partout, dans ce silence, j'ai cru t'entendre. Mon amour, tu es là quelque part à m'attendre, à m'espérer, me guetter et je ne peux te rejoindre. A chaque seconde, il m'a semblé pourtant t'apercevoir, dans ce vent qui me berçait et me brûlait les lèvres, dans chaque lumière irréelle que je voyais briller au loin, dans chaque grain de sable qui glissait la nuit sur mes vêtements ou me cinglait le visage lorsqu'une tempête s'était levée.

Mon amour, je voudrais tellement que tout soit différent, que tout puisse recommencer comme avant. Ensemble, nous avons brisé nos attaches, nous avons délaissé ceux qui nous aimaient pour aimer davantage encore. Ensemble, nous avons cru en l'amour, nous avons pris le risque de l'amour, et l'amour nous a portés si loin…

Bill, je n'ai plus de force mais j'ai toujours la force de t'aimer.

J'ai la force de t'aimer jusqu'au dernier instant.

Pardonne-moi.

CHUBBIE.

Journal du lieutenant Chauvet, 4 juin 1933, 53e jour :

C. M. incapable de se lever. Très fiévreuse. Ne peut supporter une nouvelle étape sur le chameau. J'ai décidé de partir seul. Vais tenter d'atteindre puits de Tadjnout-Hagarette. A environ 200 kilomètres, selon mes estimations. Pense pouvoir l'atteindre en trois jours avec mon méhari. J'ai laissé à l'Australienne deux guerbas remplies d'eau et de la nourriture. Si la chance est avec nous, pourra tenir jusqu'à mon retour. Espère revenir d'ici six-sept jours avec des réserves d'eau et du *sbot* pour les chameaux. Pars avec deux tonnelets vides.

5 juin, 54e jour :

Bonne progression. J'ai avancé une bonne partie de la nuit. Parcouru environ 70 kilomètres. Reg plat.

6 juin 1933, 55e jour :

Pense avoir parcouru 60 kilomètres. Direction sud-sud-est. Aucun pâturage. Pas de puits. Dormi deux heures.

7 juin 1933, 56e jour :

J'ai parcouru environ 60 kilomètres. Toujours pas de puits. Aucun pâturage. Vent se lève.

8 juin, 57e jour :

Puits introuvable. Presque plus d'eau. Hésite à poursuivre vers l'ouest ou partir au sud. Mauvaise visibilité à cause du vent. Ai sans doute mal estimé la direction de Tadjnout-Hagarette.

9 juin, 58e jour :

Plus d'eau. Pas de puits. Vent violent.

Brighton, le 9 juin 1933.

Stephen,

Tu me demandes si j'ai encore un peu d'espoir. Je ne sais pas quoi te répondre. Bien sûr, il faut toujours espérer, les bons croyants doivent toujours espérer. Mais suis-je vraiment une bonne croyante ? Ce que je pense au fond de moi, c'est qu'ils sont tous morts. Voilà la triste certitude qui me taraude depuis plusieurs jours. Chubbie et le militaire français sont sans doute morts de soif. Et comment croire raisonnablement que Lancaster puisse être encore vivant après tous ces jours dans le désert ? Voilà la réalité à laquelle il faut se préparer… Tout cela est atroce, je sais. Cette aventure n'aura été qu'une longue et terrible succession de drames.

J'aurais dû stopper Chubbie dans sa folie, et je ne l'ai pas fait. Je m'en veux. Cela m'obsède. J'aurais épargné deux vies, la sienne et celle du militaire. J'aurais dû la faire venir à Brighton. Elle se serait changé les idées avec moi et n'aurait pas fomenté cette aventure suicidaire. C'est ce que j'aurais dû faire et je n'ai rien fait. Je suis coupable. J'en veux aussi aux autorités de n'avoir pas agi pour empêcher ce vol. Ils ont laissé faire, eux aussi.

Quant à ce Donwood, il porte une sacrée responsabilité dans tout cela. Il ne reverra pas son argent de sitôt. Ce sera sa punition. Il n'avait qu'à ne pas encourager Chubbie dans cette folie.

Personne ne les retrouvera vivants. Ils n'auront même pas droit à une sépulture. Voilà la triste réalité. Alors je prie simplement pour que ces trois malheureux reposent en paix.

KATE.

VINGT-NEUF ANS PLUS TARD

C'est au cours d'une patrouille effectuée avec mon peloton porté dans le Tanezrouft du 9 au 13 février 1962 que je suis tombé sur l'avion de l'infortuné William N. Lancaster. Parti le 9 de Bordj Le Prieur, j'empruntai vers le nord la piste impériale n° 2 jusqu'à Bidon V et, là, me dirigeai plein ouest, pour essayer de reconnaître le point dit "signal du Tanezrouft" porté sur la carte aéronautique. Après être passés à Meren Kasba (Amergnene Kasba), nous avons couché, mes méharistes et moi, à Acheika. Le lendemain 10 février, à l'endroit indiqué sur la carte comme étant le signal du Tanezrouft, je trouvai des tombes préhistoriques. J'ai roulé, ensuite, toute la journée sur une distance de 150 kilomètres. Le 12 février pour éviter une zone de *fech-fech* (sable pourri) j'ai continué en direction du nord-ouest sur 40 kilomètres et ensuite j'ai amorcé plein-est pour retrouver la piste impériale n° 2. Après avoir parcouru 103 kilomètres, j'ai commencé à apercevoir au loin un point noir. Au Sahara et plus particulièrement au Tanezrouft, désert d'entre les déserts, tout point isolé ne mérite-t-il pas d'être reconnu ? Caravaniers ou méharistes savent combien il est utile de ne pas s'égarer, de reconnaître les puits, *gara*, arbres... qui jalonnent les pistes chamelières et qui leur ont été signalés par leurs anciens. Donc, attiré par ce point, je partis dans sa direction tout en ayant des difficultés à le définir.

"Il ne restait de l'avion que la carcasse métallique calcinée par le soleil" *(p. 258)*.

Est-ce une caravane ? dis-je intérieurement.

Je n'ai réalisé qu'il s'agissait d'un avion qu'à 2 kilomètres avant d'y arriver. Lorsque j'ai vu la carlingue, ma première pensée a été que je me trouvais devant un avion à réaction qui sans doute avait fait une chute au moment de l'explosion de la bombe A, au sud de Reggane… J'ai aussitôt donné l'ordre au peloton motorisé de s'éloigner en vue d'éviter toute contamination radioactive.

Lorsque je me suis approché de l'avion et que j'ai découvert les documents, j'ai compris que l'accident s'était passé en 1933. Quelques heures après j'ai eu la bonne fortune de rencontrer un géologue en mission dans le Tanezrouft, qui, grâce à ses connaissances d'anglais, a pu me donner l'identité exacte du pilote. La chute de l'avion avait eu lieu à 70 kilomètres à l'ouest de la piste impériale n° 2, à 296 kilomètres au sud de Reggane, à 219 kilomètres au nord de Bidon V.

Il ne restait de l'avion que la carcasse métallique calcinée par le soleil. Avant de mourir, le capitaine Lancaster a accroché à une aile de son appareil sa photographie, son thermos et un porte-documents en aluminium dans lequel il avait glissé son carnet de bord, ses dernières notes.

Son corps reposait la face contre terre ; le cuir chevelu, la barbe, les dents recouverts par le sable étaient dans un état extraordinaire de conservation alors que la partie du corps restée à l'air était momifiée, parcheminée. Une main crispée apparaissait sur le sable. On reconnaissait encore sur lui un tricot vert, sa combinaison d'aviateur.

(Rapport de l'adjudant Titus Polidori
du Groupe saharien mixte du Touat, février 1962.)

Vingt-neuf ans après, le corps d'un pilote britannique de la Royal Air Force tombé en avril 1933, en plein centre du Tanezrouft, au Sahara, a été découvert par une patrouille de militaires français. C'est à 70 kilomètres seulement à l'ouest de la borne 296 de la piste impériale Alger-Gao que cette macabre découverte a été faite lundi dernier, dans une des régions les plus désolées du Sahara, que les caravanes ne traversent pas. Intrigués par une forme immobile aperçue à l'horizon, les militaires se dirigèrent vers ce point et découvrirent avec stupéfaction les restes de la carlingue d'un biplan d'un modèle très ancien. Juste à côté reposait le corps du pilote, parfaitement conservé, recouvert d'une mince pellicule de sable qui avait sans doute empêché sa putréfaction. Le carnet de bord du pilote devait fournir l'explication de ce drame, car pendant les huit jours de sa lente agonie, le naufragé avait inscrit heure par heure ses impressions. C'est le 13 avril 1933 que William Newton Lancaster, de la Royal Air Force, qui tentait la traversée du désert entre Alger et Gao, sur la boucle du Niger, dut faire un atterrissage forcé, à la suite d'une panne. Il tenta de poser son appareil mais dans le sable mou, l'appareil capota et fut fortement endommagé. Blessé au visage, Lancaster a attendu les secours en inscrivant régulièrement des notes sur son carnet

“Son corps reposait la face contre terre ; le cuir chevelu, la barbe, les dents (...) étaient dans un état extraordinaire de conservation” *(p. 258).*

de bord, tout en se protégeant du soleil, abrité sous une aile de l'avion. L'intérieur de la carlingue était intact au moment de sa découverte et contenait encore des documents de vol, de même qu'il restait dans le réservoir 240 litres d'essence. Le corps du pilote britannique a été ramené, le 15 février, à la base de Reggane, où les honneurs militaires lui ont été rendus. Le passeport trouvé dans la poche de sa combinaison porte le nom de William Newton Lancaster, né en 1898, à Birmingham, célibataire. Le pilote avait sur lui sa carte de la Royal Air Force, plusieurs lettres personnelles, un peu d'argent, quelques photos de sa fiancée, un petit fer à cheval ainsi qu'un poème.

A côté des débris de l'avion, quelques traces de bois carbonisé étaient visibles, sans doute les restes des pales de l'hélice qu'il avait brûlées pour se réchauffer. Sur un papier, il avait dressé une carte sommaire de la région, mais cette carte contenait un certain nombre d'erreurs. Les notes sont écrites au début d'une main sûre, puis l'écriture devient tremblée, et de moins en moins lisible. A la lecture de ces notes, on voit que jusqu'au bout William Newton Lancaster conserva l'espoir d'être sauvé. Les dernières pages contiennent aussi certains souvenirs de sa vie. Son corps desséché était étendu sous une aile. Du sable était incrusté dans la peau qui était tannée et avait pris l'apparence de la terre cuite.

(*Paris-Soir*, 18 février 1962.)

C'est une agréable maison située dans le village de Hurley, sur les bords de la Tamise. Dans cette rue tranquille, non loin d'une église datant du XIe siècle, vit celle qui fut une pionnière de l'aviation et la compagne du pilote Bill Lancaster. Quelques écureuils se promènent sur la pelouse de sa demeure, entre des massifs de rhododendrons. Un petit abri en bois a été aménagé pour les oiseaux. Lorsque l'on sonne à la porte, c'est un monsieur aux cheveux blancs qui d'abord apparaît. M. Chauvet nous indique que sa femme ne souhaite pas s'exprimer et qu'elle est très affectée par la découverte, dans le désert algérien, du corps de Bill Lancaster. Les pages du carnet qu'il a tenu durant son agonie, et dont elle est légataire, ne lui ont pas encore été remises par les autorités françaises, nous précise-t-il, mais elle a été informée de leur teneur.

Devant notre insistance, celle qui s'appelait Chubbie Miller et défraya la chronique dans les années trente accepte finalement de nous rejoindre sur le seuil de la porte. C'est une petite dame âgée, élégante. Elle est vêtue d'un chandail mauve et porte un petit ruban noir autour du cou. Elle a un regard doux, mais l'on y devine une grande peine. Elle reste quelques intants avec nous, puis son mari la prend délicatement par le bras et la raccompagne vers l'intérieur de la maison. Ils nous saluent et la porte se referme sur une histoire commencée il y a plus de trente ans.

(*Daily Post*, 20 février 1962.)

"Il est horrible de penser que quelqu'un que j'ai connu et avec lequel j'ai volé soit mort dans des conditions aussi atroces. Maintenant je veux oublier tout cela et être oubliée. Mon amour pour le capitaine Lancaster appartient à l'histoire. J'étais jeune et inconsciente à l'époque. J'ai arrêté de voler lorsque je me suis remariée. Même mes amis les plus proches ne connaissent pas mon histoire. Désormais je suis une simple femme au foyer et je veux effacer le passé de ma mémoire. (...) Il vaut mieux ne pas déterrer le passé."

(Déclarations de Mme Chauvet,
Daily Post, 20 février 1962.)

Les derniers mots de Bill Lancaster étaient inscrits au dos d'un poème écrit par sa mère et qu'elle lui avait remis juste avant son départ :

Maman chérie, ceci m'a été d'un grand réconfort jusqu'à la fin.

Il restera quelque part,
dans un ciel de souffrances,
le souvenir de ces années,
une étoile presque invisible
que je regarderai,
car je saurai qu'elle abrite,
dans la beauté de son silence,
la vie que j'ai aimée.

MME LANCASTER,
avril 1933.

Le proverbe touareg en exergue au début du livre est extrait de *Paroles de Touaregs*, présenté par Maguy Vautier, éditions Albin Michel, 2000.
Les chants touaregs des pages 39, 139 et 209 sont extraits de *Chants touaregs*, recueillis et traduits par Charles de Foucauld, Albin Michel, 1997.

NOTE DE L'AUTEUR

Ce livre n'est ni un récit, ni une fiction. Il y a quelque temps, le hasard m'a mis sur les traces du pilote Bill Lancaster et du carnet qu'il a tenu durant ses huit jours d'agonie dans le désert. Ce carnet a été publié en 1962 par *Paris-Match*, et dans une biographie que lui a consacrée Ralph Barker en Grande-Bretagne en 1969. J'ai voulu construire un roman autour de ce texte puissant, en forme d'hommage à ce pilote disparu à l'âge de trente-cinq ans.

Outre ce carnet, j'ai intégré dans ce livre le rapport de l'adjudant Polidori, qui découvrit l'avion de Lancaster en 1962 dans le Tanezrouft, et plusieurs articles de presse dont certains sont authentiques. A quelques détails près, tous les éléments biographiques portant sur Lancaster qui apparaissent dans ce livre sont avérés. Le reste en revanche, qu'il s'agisse de lettres, de commentaires, d'extraits de journaux intimes, relève de la fiction.

Si Chubbie Miller a bien tenté de venir en aide à son compagnon, elle n'est cependant jamais parvenue à obtenir un avion pour mener ses propres recherches. Il est bien évident qu'elle n'a pas non plus épousé le méhariste Chauvet.

Je tiens à remercier Jacob Oliel, la famille Polidori et Jean-Charles Humbert. Je veux aussi exprimer mes remerciements à Alexandre Girodeau pour ses informations sur les effets de la déshydratation, à la Rahla (Amicale des sahariens) et au quotidien *L'Humanité*. Enfin, je veux citer le nom de Marthe Oulié, dont l'ouvrage *Bidon V*, sur le Rallye saharien de 1930, m'a été utile pour mieux saisir le contexte de l'époque dans cette région du Sahara.